做快乐的妈妈

给孩子最好的爱

[美] 丽贝卡·伊恩斯 ◆ 著

中公外语 ◆ 译

世界图书出版公司

上海·西安·北京·广州

图书在版编目（CIP）数据

做快乐的妈妈，给孩子最好的爱 /（美）丽贝卡·伊恩斯著；中公外语译 . —上海：上海世界图书出版公司，2020.6
ISBN 978-7-5192-7070-4

Ⅰ . ①做… Ⅱ . ①丽… ②中… Ⅲ . ①家庭教育 Ⅳ . ① G78

中国版本图书馆 CIP 数据核字（2020）第 046813 号

The Gift of a Happy Mother
All rights reserved including the right of reproduction in whole or in part in any form.
This edition published by arrangement with TarcherPerigee，an imprint of Penguin
Publishing Group，a division of Penguin Random House LLC.

书　　名	做快乐的妈妈，给孩子最好的爱
	Zuo Kuaile de Mama，Gei Haizi Zui Hao de Ai
著　　者	［美］丽贝卡·伊恩斯
译　　者	中公外语
责任编辑	李　晶
出版发行	上海世界图书出版公司
地　　址	上海市广中路 88 号 9–10 楼
邮政编码	200083
网　　址	http://www.wpcsh.com
经　　销	新华书店
印　　刷	天津丰富彩艺印刷有限公司
开　　本	880 mm × 1230 mm　1/32
印　　张	8
字　　数	148 千字
版　　次	2020 年 6 月第 1 版　2020 年 6 月第 1 次印刷
版权登记	图字 09–2019–996 号
书　　号	ISBN 978–7–5192–7070–4/G · 603
定　　价	42.00 元

目录

"你想要拥有一位完美的母亲，还是一位快乐的母亲？"

萦绕在我脑海里的话，毫无预兆地从嘴里蹦了出来。我没有追求完美，完全没有。我明白想要做到完美是不可能的，但是却总给自己设定一些无法实现的高标准，当达不到的时候，内心就会受到强烈的谴责。

过去的一年很艰辛，我们从搬到新的国家开始就处处不顺。我离开了所依赖的团体，离开了所依靠的朋友和家人。不仅如此，我的孩子们在最初也很难适应新环境，所以我担心我们搬家是一个错误的决定，心里充满了悔恨，脑子里一直有一个声音，诉说着自己的疑虑和对新家的不满。我时常无法控制自己持续不断的焦虑情绪。我已经不再是孩子们所熟悉的那个快乐妈妈了，现在是一个愁眉苦脸、满脸倦容的妈妈。在提出刚才那个问题并得到答案之前，我根本没有意识到，其实孩子们早已发现了我的变化。

有着棕色眼睛的儿子不假思索地回答：

"当然是快乐的妈妈了。"

当他回答的时候，深棕色的大眼睛里闪烁着某种东西。那是渴望、哀伤，还是希望？不管这种东西是什么，都让我很有感触。

儿子的反应之快以及对答案的坚决引起了我的好奇心，所以我继续问道："你是想要一个快乐的妈妈，还是愿望清单上的所有玩具呢？"问这个问题，有一半是想逗逗他，也有一半是发自内心地想知道答案。儿子有一个一英里（约合 1.61 千米）长的愿望清单，上面认真地列下了想要的玩具。为了实现愿望清单，在高中三年级之前，他都会仔细规划自己的零花钱。我想他肯定会选择买所有的玩具，因为那是他的梦想！

然而我错了。出乎我的意料，他没有丝毫犹豫。"快乐的妈妈。"这次他的语气更加强烈。很明显，他的声音中带有一种希望。啊，我的心肝宝贝。他怀念那个满脸笑容的妈妈。儿子接下来所说的话直到现在还在我的脑海中回荡。"我的意思是，我想要愿望清单上的所有玩具，但是我更想要一个快乐的妈妈。"

哇！儿子的回答很认真，也让我很有感触。我很肯定地认为他会选择一卡车一卡车的冰激凌、糖果、玩具，但是他内心真正渴求的不是物质。他真正想要的是快乐的妈妈。我觉得这是所有孩子的愿望；看到开心的妈妈，记住她的笑容，感受她洋溢在整个家庭中的发自内心的欢乐。我期望自己能成为"小棕眼"所需要的快乐妈妈。我想要披上快乐的盔甲。在这件闪亮的盔甲下，我变得自信、强大，更加有能力保护孩子。这样做，一方面可以使我自己保持快乐的状态，更重要的是，孩子们会效仿，也会开心快乐地生活。因此，我开始一步步制作我的盔甲，终于有一天，我在儿子们的眼睛里看到的不仅仅有期望，还有发自内心的快乐。

每天，我都会举起自己的盾牌，做好准备抵挡即将射来的箭。悔恨、攀比、孤独、忙碌、恐惧、压抑，有太多的负面情绪需要抵制，但是我举起盾牌的最重要的原因是我的孩子们。我希望，当我的孩子们看到我不受生活苦难的影响，用尽全力保持快乐的状态，他们也能够举起自己的盾牌，制作自己的盔甲，击退内心的黑暗。我希望我的"小棕眼"和他的弟弟能一直保持乐观，积极地生活。

世界上所有的母亲都希望自己的孩子开心。那么就让我们以身作则，告诉他们如何开心。

这本书记录了做妈妈的酸甜苦辣，是为我自己而写的，也是为你们而写的。今天早上，我的小儿子还因为病毒性疾病躺在床上养病，但他接下来的几天的时间已经被各种各样的课外和学期末活动占满。仅仅是上个星期，我就经历了不同的情绪波动，不仅有恐惧、担心、悲伤和压力，还有快慰、感激和满足。母亲们，这就是生活。虽然跌宕起伏不可避免，但是我们应该努力去享受这趟旅程。这本书存在的意义就是鼓励所有的妈妈在这个充满考验同时又有无尽快乐的过程中，全身心地去生活、去爱。

在这本书里，你们能找到一些简单的方法，帮助自己在日常生活中保持快乐状态，这样孩子们就获得了他们一生中最珍贵的礼物：一位真正快乐的母亲。在这本书里，我会告诉大家一些我自己也在努力培养的快乐习惯。你会看到一些反思性问题和日志提示，我认为一本好书应该是能够使读者深入钻研并与作者共同进步的，一本好书应该是能够挑战读者的认知，完善其不足，并使其深受鼓舞的。我希望本书能够同时达到这些效果。

在此，我也向大家发出邀请。大家可以参与脸书（Facebook，美国的一个社交网络服务网站）社区：和丽贝卡·伊恩斯一起阳光育儿。现在已经有超过100万名参与者，诚挚欢迎新成员加入这个群体。如果你和自己的孩子相处得不太融洽或者惯用的一些方法不起作用，那么可以阅读一下我的另外两本书《阳光育儿：必要指南》和《阳光育儿手册》。这两本书可以帮助你和孩子建立一种互敬互爱、彼此尊重、健康温馨的亲子关系，从而拉近自己与孩子之间的距离。毕竟，如果总是和孩子过不去，就很难成为开心的妈妈。阳光积极的亲子关系可以减少彼此间的冲突，促进合作，增添无数的喜悦。

让我们从现在开始努力成为一名快乐的母亲！让我们一步步制作自己的快乐盔甲！有一天快乐会以我们为中心，辐射到每个角落，洒满整个家庭，温暖房子里的每个人。

Part / *1*

今天的时光是明天的回忆

如何让自己更快乐

大家可以想想如何能让自己快乐。事实上，也不用费心去想，因为接下来我就会告诉你可能出现的答案。你可以去吃富含营养的食物，坚持每天锻炼，呼吸新鲜空气，去野外散步；也可以冥想、阅读、听音乐，培养爱好，给自己独处的时间；又或者坚持早起，约朋友，玩耍，做瑜伽，多说谢谢，保证足够的睡眠；等等。

我的答案是不是能回答这个问题呢？至少我觉得这些都是很可靠的建议，当然前提是你得自己住在温泉度假村，不用工作，不用照顾孩子，不用打扫房子，也没有其他需要承担的责任。至于咱们普通人，大家还是现实一点吧。我的孩子现在稍微长大了一点，我也因此有了些许"自由"时间。在他们还特别小的时候，我能吃两口花生酱果冻三明治，或者有时间冲一个5分钟的澡，就该偷笑了。约朋友？那得有时间坐下才行。听音乐？如果动画片配乐也算的话。冥想？当有人一直拽着你的腿叫妈妈的时候实在有点困难。每天撵着蹒跚学步的小孩满世界跑，生怕他摔个底朝天。如果这算是运动的话，那我倒是做了。至于睡觉，你一定是在开玩笑,对不对?

虽然现在我的孩子们已经差不多都具备了自理能力,且都已经开始上学,但我仍然觉得践行这些快乐的习惯很难,难点在于:我知道自己应该做什么(依照专家所说),但是总有一些其他事情影响我。所以,我在想,维持快乐的关键不是在某个瑜伽动作上,而是首先能够腾出时间去做瑜伽。总结一下就是,要让快乐习惯成为日常生活的一部分。我们的问题不是不知道去做什么,而是没有精力和时间去做,所以,我们首先要做的是分析到底是什么耗费了我们的时间和精力。毕竟,如果一个人淹没于海中,那么他肯定是无法学会如何横渡大海的。一位有经验的水手也许会大喊着告诉我所有航海技巧,但是没有用。难道他就不能闭嘴给我一个救生圈吗?发发慈悲吧,我就要溺死了。

这便是现在这段时间我一直认为的。我想只要稍微给我一点时间,一定能够培养所有的这些快乐习惯。只要养成这些习惯,我就会很开心。但是,海浪依旧袭来,时间仍在流逝,最好的办法似乎是自己学会游泳而不是等待救生圈。成为母亲确实会使生活杂乱无序,但是其中也透露着无限美好。成为母亲意味着告别曾经所熟悉的生活,取而代之的是无穷无尽的爱与担心,这是以前难以想象的。有了孩子之后,不可避免的是,家里会很乱,需要经常收拾。但是,对于现代母亲,更糟糕且无法避免的是情感和心灵上的烦躁。如果母亲只能在安静祥和、无忧无虑的完美时刻发现快乐,那么可能每天都会愁眉不展。如果你想要在孩子面前展示自己是一位快乐的母亲，那么必须具备从混乱中发现快乐的能力。

如大家所知，这不是我第一次尝试。在这之前，我试图这样解决问题：我决定，每天都要去做一些事情，让自己变得更加开心，这样便能一劳永逸。我坐下来取出纸和笔，开始列清单，因为所有美好的事情都要从列清单开始，不是吗？我把本章开篇所提到的所有能使人开心的事情都列在了清单上，因为这些都是网上查到的能够使我开心的事情，不可能有错误。我专门为自己制作了一本图表记录本以便记录如此重要的事情。如果当天我核对了某一项并在后面做了记号，就知道自己已经完成了这件事，知道自己完成会使我很开心。我有一份清单、许多图表（一张锻炼图表、一张饮食计划图表、一张娱乐图表、一张户外活动图表、一张冥想图表、一张作息图表）和一本感恩日志。每天拥有这么多计划，我怎么会失败呢？

第二天早上，我信心满满地起床想要完成所有的计划，但是之前每天要做的事情接踵而来。我别无选择，因为有谁能替你担起这些责任呢？答案是否定的，没有人。事实上，一天结束后，图表本中有52个小方框盯着我，等着我去核对标记它们。如果我没有完成让自己开心的事情，就会责备自己。所以，我把锻炼身体放在了大清早，天哪，终于在一个小方框里做了标记。在这一天开始的两个小时内，我的自我感觉非常好。因为锻炼花费了我45分钟的时间, 所以工作被延误了。不过不用担心, 我会飞速地完成写作, 这样就能够快点儿实施冥想计划。但是我脑子里一片空白, 想到的都是图表上的那些等着我标记的小方框。最终由于无法聚精会神, 工作真的被耽搁了。接下来, 我要去学校接孩子。我想知道自己能否在开车的时候冥想。呀! 事实证明, 我不能, 绝对不能, 特别是当我开到拥挤不堪的市中心的时候。

我接上孩子们, 然后匆匆往回开 (天哪, 今天绝对不能中途停车!), 因为我要去做许多让自己开心的事, 可是他们饿了。顺便说一下, 男孩子总是在喊饿。到现在为止, 大半天的时间过去了, 我仅仅完成了一项计划, 离完成列表上的全部计划还差得远呢! 但是没问题, 我仍然有信心, 这仅仅是第一天。做饭的时候, 我听着音乐, 这也算是完成一项计划。对我来说, 如果对做饭嗤之以鼻, 那么它就不能算是一件快乐的差事, 所以我不能把准备意面和大蒜面包算在快乐计划内。不管怎样, 现在已经完成了两项: 晨练和听音乐。在这一天, 我还剩下5个小时去完成下面的事情: 指导孩子完成作业、确保他们好好地洗澡、打扫厨房、把成堆的衣服放到洗衣机中去洗、检查他们的作业、打包他们明天的午餐、折叠整理洗过的衣服、为自己做一顿营养餐 (因为只从大儿子的盘子里吃一些意面是远远不够的)、饭后去户外散散步、书写自己的感恩日志、和孩子们一起玩游戏、早点上床睡觉以确保充足的睡眠。

没事, 反正我已经 "开心" 了一点 (讽刺)。我把出去遛狗当成户外散步，因为太晚了，谁还会出去溜达呢？反正我不会。当我在户外活动的方框里做标记后，感觉良好。孩子们完成了作业，但是完成得很糟糕。我让他们去洗澡，并把明天的衣服拿出来，与此同时，我把碗放入了洗碗机，并把灶台擦干净了。现在已经是晚上7:30，我还没有完成这些杂事，哎呀，忘记去洗衣服了。我把脏衣服放进洗衣机并开始感恩这些脏衣服，因为这至少证明我们有衣服穿。我想，轻声对自己低语基本上等同于写日志，所以就又在感恩日志的小方框里做了标记。不过现在已经没有时间去做姜丝白斩鸡、地中海金枪鱼开胃沙拉和亚洲梨百里香冰糕（这些都是我在网上搜到的健康菜谱），所以我只能做一碗麦片，因为至少它是非麸质的，我就指望它了。我又完成了一项计划：健康的饮食。快乐计划的图表中还有两个小方框没有做标记。我要去和孩子们一起玩，哄他们入睡。但是，我突然想起来一件事，洗衣机里的衣服已经洗完，需要折叠收起来。不过，这项任务可以排到后面，因为好妈妈们都是先和孩子玩的，不是吗？前辈们都是这么做的。因此，我和孩子们一起玩起了棋盘游戏，如果你曾经和孩子们一起玩过这个游戏，你就会明白这个游戏所要花费的时间了。1个小时后，睡觉的时间到了。但这只是对于孩子们。对于我，先要把洗完的衣服折叠起来，之后再去洗澡，因为晨练使得我身上有一股汗腥味。但是，嘿！我已经将所有计划都核对并做了标记。开心！然而，实际上，我并不是特别开心。不过我相信我需要的只是时间，就像药物在身体起作用一样。我把衣服折叠整理好，洗了一个热水澡。这时已经是晚上10:00了。我现在必须马上睡觉，以确保8个小时的充足睡眠，但是我还没有查看邮箱。此外，我还需要在我的公众号上发一些帖子，并留一些时间给我的老公。我和他提到了我的新图表，他非常体贴，并没有嘲笑我的做法疯狂。最终，我终于在夜里12:00倒在了床上。每项计划都完成得差不多了，搞定！

这种状态持续了三四天。每天核对并在那些小方框里做标记让我感到异常压抑，最终我意识到这些计划并没有让我开心，一点也没有。盛怒之下，我把所有的图表和清单都扔到了垃圾桶里。心中的批判者告诉我，"我就是一个彻头彻尾的失败者"，很长一段时间我都感到很难过。

从本质上分析，我的问题可以归结为两方面，一方面是活动安排得太紧，另一方面是自己的心态不好。很多方面都会使我抱怨。儿子们不好好睡觉让我感到劳累，不断增加的工作压力让我感到焦虑，过多的活动安排让我感到痛苦，甲状腺功能减退使我反应迟钝。在我的宝贝儿子"小棕眼"给出我所需要的警告之前，我能够找到很多用来解释自己情绪持续低落的原因。

这次，我要从小的方面，特别小的方面做起，而且我只做一小步来使自己开心。我没有做任何的清单或者图表小方框来做标记。我没有让自己每天花费2个小时来培养自己的快乐习惯，因为那样只会让我感到失败。我也不建议你花费额外的2个小时使自己开心。真的不用。这次，我只需要10分钟。

策略：10分钟的快乐

当我把一盆水从卫生间端到厨房的时候，盆里的水一直在晃荡，有的飞溅到了地上。我想着，在有人滑倒之前，一定要把它拖干。妈妈们每天的心理活动肯定异常丰富吧！就在我轻轻地把盆放在铺在地板上的毛巾上的时候，3岁的儿子在后面兴奋地跺着脚。盆刚刚放在毛巾上，儿子就发挥自己的想象力，把它当成了一汪湖水，把自己的恐龙和其他稀奇古怪的玩具放了进去。他的船在水面上疾驰而过，蝙蝠侠对坏人穷追不舍。恰巧，就在湖的左边，有一幢设有一些牢房的建筑物。几名罪犯已经受到法律的制裁，他们茫然地盯着灰色的铁栅。湖的右边，是由大小不一的盒子组成的硬纸小镇。这些盒子上面贴着彩色硬纸，是两个小家伙亲自装饰的。除此之外，还有一家紫色的银行、一座橘色的教堂和几栋五颜六色的房子。他们还用彩色硬纸铺成小路，硬纸板小镇的人们可以通过这些路去熙熙攘攘的小镇。在小镇上时不时可以看到些许树木，还会看到有人在遛自己的松鼠。

1岁的宝贝儿子也加入这场游戏中，在路上开着自己的小汽车。"呜——呜——"他尖叫着看着小汽车冲过几棵树，撞到银行上。他那几缕稀疏的卷发如此可爱，天哪，那笑容简直要将我融化。他现在仍然具有这种魅力。"哇！慢点！"我咯咯地笑着，把自己的小汽车放在他的旁边。"让我们来比赛吧！"我说。然后，我们就开始了！

"看！妈妈！蝙蝠侠抓到了小丑！"我转过头来，看见大儿子脸上露出灿烂的笑容。他把抓获的敌人给我看，之后将其扔到了牢房里。"干得好，蝙蝠侠！城市有救了！"我肯定地说。

虽然那只是很平常的一天，但却给予了我难忘的回忆。这种回忆随着时间的流逝，让我愈加珍惜。虽然，那天和儿子们一起在厨房度过的时光并不是那么辉煌、灿烂，但却是平凡的时光里，我只用几分钟时间就创造出的最美的回忆。在那几分钟内，我很开心，孩子们也很开心。这样的几分钟就是快乐生活的组成部分。

话题转回来，我意识到上面所说的就是我一直怀念的：和孩子们一起玩、一起笑的那些集中的时间段。自从搬家以来，生活中充斥着各种截止日期、新的日程安排、球类练习、家庭作业、家务活等一系列工作。我需要重新回过头来和我的家人沟通。沟通不够，我就会痛苦！这极为合理！

没有足够多的沟通，我们就会开始感到痛苦。

我决定从小事做起。过去的经验告诉我最好不要把自己淹没在一项项计划中，我需要一个简单、有效的方法，一个不会感觉像是额外附加的任务，因此我决定每天只花10分钟。我决定，在这10分钟内，放下手头的任何事情，专心致志地陪伴家人。

我好奇每天10分钟将会如何影响我和我的生活，因此我算了一下往后10年（直到我的小儿子成年，可能会离巢时）每天10分钟的快乐时光加起来一共有多少。我发现如果每天和孩子们一起共度10分钟的快乐时光，那么我一共可以获得36500分钟的幸福时间。真的会有很多快乐！

可以做的事情也是无穷无尽的。用10分钟大声阅读或者玩乐高堆砌有创造力的建筑，用10分钟玩游戏"去抓鱼"或者搅拌巧克力面糊把它们倒入一个平底锅里。10分钟的依偎、10分钟的倾听或者讨论、10分钟的全神贯注，总会有事情去做的。

一天10分钟等同于在孩子们的童年中获得了36500分钟的快乐时光。

孩子们能看到我们额外的36500次微笑；

有额外的36500分钟感受到被爱、被珍惜、被重视；

有额外的36500分钟感受彼此之间的紧密相连；

有额外的36500分钟专注于对我们来说重要的人；

有额外的36500分钟的快乐回忆。

在通向更快乐的旅程中，这是我做的最简单、最有效的事情。它看起来似乎不怎么显眼，但是微小的努力聚集起来能够产生巨大的影响。在过去的几个月，我每天都会花至少10分钟有意识地去发现、感受爱。我明白自己可以用每个聚集的时间块来制作自己的快乐盔甲。我比以前更开心了。我感觉同丈夫和孩子们之间的关系更加亲密了。在那10分钟，我感觉时间慢成了一个小点。尝试轻松生活一周，如果你漏掉一天，不要自责。每天只需要几分钟时间，静静地坐在那里，仔细观察他们，听他们的笑声，看他们脸上的小雀斑，感受他们温暖的拥抱。

微小的努力积攒在一起就会产生重大的影响。

我感觉我现在不会遗漏任何一个10分钟，每天只需要几分钟全身心地和孩子在一起就可以养成快乐的习惯。10分钟对你意味着什么呢？如果你每天与自己的孩子一起度过这10分钟的快乐时光，那么又能创造多少快乐的回忆呢？

快乐是一种习惯

我不想让你只是读一本快乐的书。我希望你每天生活得快乐，连呼吸都感觉快乐。我希望你能培养快乐的习惯，进而成为一名更加快乐幸福的母亲。因此，本书每个章节都会概述一种快乐习惯以及你日常能够使用的策略；也会有一些问题，底下有空间可以供你写简短的回答；还会有一个反思回顾，帮助你消化吸收本章所讲的观点。

快乐习惯

在接下来的一周，如果你每天可以花费10分钟参与体验这种快乐，请记下在那个时间段里，你所注意或者观察到的一件事。什么事情一下子吸引住了你的注意力？内心的情感是什么样子的？什么事情让你开心地笑了？

第 1 天：

第 2 天：

第 3 天：

第4天：

第5天：

第6天：

第7天：

· 反思回顾 ·

1 如何留出空间使快乐习惯成为你的日常生活的一部分？可以从阻碍你的事、让你疲累的事和束缚你的事三个角度思考。

2 列举一个具有可操作性的小行动，腾出今天的快乐时间。定一个切实可行的目标，并努力实现它。

3 你为什么想成为一名更加快乐的妈妈？这对你的孩子和家庭意味着什么？把这些原因写在一张便利贴上，并将它贴在你可以经常看到的地方。

4 写下一次曾经的快乐回忆——看似普通的一天，但却给你留下了难忘的回忆。

5 写下一些提示，帮助自己寻找快乐，就像你告诉孩子们的那样。

Part / 2

母亲的必经之路

陪孩子成长是条漫长的路

　　总会有人告诉你：时光飞逝，尽情享受当下。但是睡眠不足，凌晨3点需要哺乳，尿布换不完，这些似乎永远都在。你开始纳闷儿，一夜都如此漫长，时光怎么可能飞逝？

　　之后会有这么一天，当你早上醒来，看到一个婴儿踉踉跄跄地跑过来跳到你的床上，你又开始纳闷儿，孩子什么时候长这么大了？从此，你就开始追着孩子跑，最终筋疲力尽，渴望夜里能睡个好觉，但是这是绝对不可能的。除非你中了头奖，否则婴儿总是会在夜里吵得你不得安宁。但是当他们用自己的小胳膊搂着你的时候，你会觉得即使睡眠不足，又有什么关系呢？在那一刻，你就会明白，别人所说的确实是事实。每一天很长，但是岁月很短。

　　一眨眼，孩子就要上幼儿园了。你突然会感到不适应，因为他的婴儿时期就这样逝去了，时间走得似乎比你想象的更快。你试图跟上它的脚步，把它留住，但是却无能为力。孩子长得太快了，一直在不断变化，终有一天，离你而去。你已经记不清上一次抱他的时间，记不清上一次在客厅里背着他玩骑马游戏的时间，不记得上一次他在夜里偷偷爬到你床上是什么时候,但是你希望自己还记得。你希望这些时刻能够永存于你的脑海,永驻于你的心中。

春去秋来。你明白将来的日子屈指可数,所以趁现在时光还慢,便尽可能地珍藏回忆。在夏日度假的时候,你拍了很多照片,孩子认为过多了,但是,你只是想留住那些时刻。不久便开学了,孩子们又开始背上书包,往返于学校和课外补习班等,一年很快又过去了,他们又要升学了。新的里程碑,新的成长!

还没等你反应过来的时候,他已经上初中了。那个你曾经抱在臂弯里的宝宝现在已经和你一般高了。当他下车走向学校的时候,你简直不敢相信自己的孩子已经这么大了。你轻轻地对自己说,希望他被全世界温柔对待。你明白中学这段时间有多难,确实很难,但是不管怎么样,你找到了属于自己的方法。

又过了几次圣诞节,当时满屋子都是包装纸,你尽情地享受房间里的欢声笑语。你拍了很多照片,决定每年制作几本相册。你说,"给我也拍一张"。因为你读过一篇文章,上面说你也必须出现在照片里。

每个人第一天上高中都会感觉很焦虑,你明白现在是陪伴孩子的最后一个阶段。你感到很奇怪,虽然他已经14岁(美国学生一般在14岁左右上高中)了,但是你依然能从他身上看到当初他刚刚学会走路时的样子。还没有等你喘口气,他已经开始约会,有了熄灯令,开始开车,开始参加毕业舞会。他做好准备进入成人的世界了吗？我们已经做完我们需要做的了吗？不管怎么样，看到孩子长大，你都会感到非常自豪，心里也会充满感恩，因为无论多大，他都是你的孩子，永远都是你的孩子。

当他收拾行囊上大学的时候，你看到房间里摆满了箱子。你明白，他必须到外面的世界去闯一闯，但是他离开以后，屋里空空如也。他就这么突然地离家了，你站在空荡荡的房间里，眼里流出了泪水。这么长时间的相处说没就没了吗？最后，你将所有的照片洗出来，按照时间顺序将它们放到剪贴簿里。家里现在很整洁也很安静。童年所留下的就只有照片、回忆和落下的小物件。

这就是每位母亲的必经之路——一个不断爱和不断放手的过程，难以想象的长又极不合理的短。这是你做的最难的一件事，也是最成功的一件事，同时自己也被完全改变了。虽然镜子上再也不会有孩子们的指纹，但是它们会永远留在你的心里。人们说的是正确的，时光飞逝，尽情享受现在吧！放慢脚步，缓口气！不要纠结于小事！抱着他让他坐在你的腿上！再陪他多玩会儿吧！多沟通，多留些回忆！做一些快乐的事吧！当你牵着的小手离你远去时，你就会发现回忆是多么的珍贵！

大儿子即将读完六年级，再过三个夏天就要上高一（美国的九年级相当于中国的高一）了，我开始反思做母亲的这趟神奇旅程，有过很多快乐，也有很多让我头疼的地方。当我打这些文字的时候，泪水滴在了键盘上，渗到了键盘的缝隙里。因为我内心充满了作为一位母亲所有的复杂情绪，也痛苦地意识到与这个似乎最近才来到我们生活中的男孩的相处时间所剩无几。

以下所说的是一个给所有母亲的提醒。回想以前，你抱着自己的宝宝感觉你们会永远在一起，偶尔会发怒到青筋暴露，所以不想再听到有人说时光流逝得多快。现在看来一切似乎都那么可笑。我明白，这个过程确实很艰难，好像所处的阶段永远停滞不前。我记得我的两个儿子跟在我身后的时候，确实感觉时间很长，夜晚似乎更加漫长。那段日子里我有过抓狂的情绪，无尽的疲惫、难以言表的快乐、新的发现的惊喜以及似乎没有终点的换尿布马拉松的煎熬。

在那段日子里我很享受其中的一些时刻，但是也希望它快点过去。我常常希望他们不用纸尿布！我常常希望他们整晚都能睡觉！我常常希望我有更多的自由时间！

在有些晚上，我要陪他们入睡。我会全身心地投入，摸着他们丝滑的头发，给他们讲一个又一个的故事。多么美妙的夜晚啊！

当然，也有些晚上，我就希望早点过去。我感到失望，因为他们竟然不能自己入睡，在那个时刻，我会质疑自己的每一个教育方法。毕竟，我也是普通人。就像太阳每天会落山一样，我觉得这样的日子可能永远都不会结束。

妈妈们，做母亲有一个定律。一切都会过去——艰难的日子、充满快乐的日子、使人沮丧的日子和有趣的日子，一切都是暂时的。虽然有很多开心的时刻，但是也不免有一些让人心情沉重的时候，可能是：担心孩子生病，担心无法走进孩子的内心，担心给孩子造成无法弥补的伤害。不过，无论担心的原因是什么，总会有一段日子这种担心会加重。在那些艰难的日子里，我总是用下面五句话提醒自己。现在，我把这五句话分享给大家，希望你们可以在它们的帮助下，减轻内心的担忧。

1. 我的孩子是尚未完成的艺术品。大家可能觉得好笑，这个道理大家都知道。然而，有时，我仍然会觉得在我面前的孩子是已经完成的艺术品。我必须不断提醒自己他们还在成长。他们的大脑还在发育，他们还要去学习，还要去经历很多事情。我8岁的儿子现在的样子和他18岁时并不一样。就像我一样，他也还在不断地进步。我认为，现在我从他身上找到惹人喜欢的特质越多，18岁的他就会有更多讨人喜欢的优点。因为我们的关注点在不断变化，因此我现在努力记下孩子身上的优点。即使他们有时让我发疯，我还是会从他们身上找到一些优点。

2. 他们的问题不是我要解决的。这句话并不总是正确的。当然，当我能够帮助他们的时候，会去帮助他们，但是他们必须自己去克服一些困难。只有这样，他们才会更有韧性。生活有时会不公，人们也不可能一直都对他们好。大多数情况下，他们不需要我来帮助解决任何问题。他们只需要我在旁陪伴，只需要我相信他们的能力，他们便可以从中汲取力量。

3. 永远不要追求完美。这句话似乎也是众所周知的事实，但是当我刚开始成为母亲的时候，总是会有一些不切实际的期望，可孩子们永远不会做到恰到好处，这让我感觉很失望。我把自己逼得快要窒息了，每天就盼着下一阶段的到来，期盼他们更加独立，更加有自制力，更加成熟；每天等着神奇的"耐心药水"出现，使我更有耐心或者不用再惊恐地接受截止日期的到来，房间不会再乱成一片，不会到处充斥着玩具、空的果汁瓶和狗狗的皮毛。我必须深吸一口气，因为这些期盼根本不会实现。我总是会以"终有一天，我可以……"来干扰自己，总是会去期盼一些其他事情。当我决定从这些混乱中感受快乐时，压力稍微轻了点。

4. 虽然我陷入困境，但是他们很好。我做得并不完美，但是仍然有很多快乐时光，而且这些欢乐时刻多于艰难时刻，这才是最重要的。因此，当事情出错的时候，我会和孩子们讨论。我们会互相倾听，互相拥抱谅解，然后一起改进，重来一次。当内心的愧疚感减少，能够彼此谅解的时候，生活才可以过得下去。你要比那些对自己要求甚严的母亲强多了，你的目的是和孩子们沟通而不是做到完美。完美是很难达到的，但是沟通可以减少你们之间的隔阂。

5. 我不可能包揽孩子的一切。妈妈们的很多压力都源自想要为家人做很多事情，而且已经做了太多事情。孩子们可以把衣服放进洗衣机里，爸爸能够做晚餐，爷爷奶奶可以哄孩子们入睡，孩子们也可以在学校吃午餐，我不会因为承担过多义务透支自己而赢得奖章。因此，当任务过多时，我会看一下自己的日程表和应该承担的责任。做不了的就不做，需要取消的就取消。

策略：打起精神享受此趟旅程

我想应该有人还没有完全做好准备就已经成了一名母亲。当你决定把一个小生命带到自己的生活中来的时候，想象不到自己将会面临什么样的考验。在没有亲身经历之前，你想象不到那种深沉的爱。无论你提前阅读、学习或者准备多少育儿知识，仍然无法预测孩子的特点或者提前知道他需要的是什么。母亲这个岗位需要在职培训，即使在成为母亲之前已经学习了很多知识，也还是需要不断地学习。让自己变得优雅、幽默、宽容吧！在母亲的这趟旅程中，这三种品质至关重要。不要忘记欣赏沿途的美景和令人振奋的曲折！这条路虽然曲折，但却很美！打起精神享受此趟旅程吧！

快乐习惯

林肯曾经说过一句名言："人们认定自己有多幸福，就有多幸福。"幸福真的那么简单吗？也许认定幸福并不是幸福唯一的决定因素，但确实是幸福的一个良好开端。我认为人每天都要告诉自己"我很幸福"，需要坚定不移地赞美自己的生活和周围的人。我会在手机里记录看到的一些关于如何过上自己想要的生活的建议、名言名句、观点和自己的一些灵感。其中包含"给予孩子一笔爱的遗产""想要孩子如何记住你，就如何去生活"和"让孩子们看到你的笑容"。而且我会经常查看。

现在，手机使信息获取非常便捷。让我们把手机作为鼓舞和激励自己的工具！让它帮助我们成为一名合格的母亲而不是拉开与孩子的距离。使用手机来设置提醒，每天与孩子共处10分钟；使用手机记下可以帮助自己进步的内容；使用手机收集一些快乐的名言名句和幸福的照片。现在很多人都因为手机而忽视了与家人沟通。让我们一起培养一种快乐的习惯：让手机帮助我们成为我们想要成为的母亲！

列举两种可以对你的生活产生积极影响的手机使用方式：

方式 1：

方式 2：

· 反思回顾 ·

1 列举一种会让你更加享受当天时光的方式。

2 搜一些有关"快乐"的名言名句，挑出一些能激励你的记录下来。

3 你最好的一天是什么样子的？

4 列一个清单，写下你希望孩子能够从你身上看到的品质。

5 目前的你与你所期望能够成为的母亲差距有多大？如何成为你理想中的母亲？

Part / *3*

写给初为人母的妈妈们：
没有人告诉你们这些废话

你也听过这些谎言吗

当你还抱着宝宝喂奶的时候，每一天都会听到很多废话！现在我会直接告诉你一句实话，因为我有一种预感，你现在有强烈的负面情绪。你毫不怀疑自己对宝宝的爱，但是实际情况并非如此。你不明白为什么爱会如此艰难！但是，你能对谁诉说呢？你不想让别人认为你是不懂得感恩的人。也许你认为其他人并没有这种感觉或者没有像你这么纠结。但是亲爱的，你放心，很多人和你有同样的感受。

在对孩子的到来感恩的同时，又觉得手足无措是很正常的；想把全部的爱都给孩子，但是有时又会感觉伤心也是正常的。你心中所能感受到的每一种情感都是百分百正常的。因为荷尔蒙分泌不正常，睡眠不足，白天黑夜颠倒，所以有任何的感觉都是正常的。你不是一个怪物，也不坏，没有错误，更不会不值得被尊敬。你很正常，非常正常。如果你无法摆脱悲伤的情绪，或者感到过度焦虑，又或者情绪过度低沉，那么可以向医生寻求帮助，但是一定要记住你不是一个人在战斗，而且一点都没有必要感到羞愧。

成为一名母亲是最重要的决定，你的整个宇宙都会被颠覆，难怪你不知从何入手。剧透一下！母亲这条道路充满了变化，可能你刚刚找到了诀窍——剧情就有了转变！但是没有关系。也许你无法像在生孩子之前那样自信地走下去，但是亲爱的，余生你可以自己学着翩翩起舞。虽然跳舞很耗费精力，但是会获得很多乐趣。

同时，让我们一起来看一下每一天都要面对的谎言。我们需要曝光它们的真实面目——快乐的偷窃者。这些谎言会让你觉得你做错了，或者因为你没有达到标准，所以要付出更多才是正确的。哎！这种羞愧的心理会早早地将你完全吞噬，但是我们不会放任它。我们必须现实一点。

谎言1：你需要找到平衡。平衡就像大脚兔（童话故事里的一只兔子），报道说有人见过，但是却没有足够的证据证明其存在。如果你试图寻找平衡，得到的只会是"不满"！我想有人肯定会让你觉得你应该一天"27"个小时都能够喂奶，同时还能让丈夫满意，保持房间整洁、瑜伽姿势标准！亲爱的，听听就行了。如果你有一个朋友做到了这些，那么我想科学家一定想对她进行研究，因为这是非人类才能做到的。现在知道什么是已经做得够好了吧？力所能及，无论你做得多好或者多糟！我的意思不是说你不应该追求高目标，你应该一步步地寻求平衡而不是想着一蹴而就。

寻找平衡的问题在于它无法用统一的标准进行衡量。每个人所寻的平衡是不一样的，因为我们的观点不同、需求不同、目标不同、生活不同。然而，我们却把它当成有形的东西来讨论，捧在手上，像抚摸一个小宝宝一样抚摸它。"看，我找到了平衡！"听起来很愚蠢。一些妈妈们在健身房锻炼一小时、饮完一杯茶或者读完一章浪漫小说之后感到了"平衡"。也有一些妈妈想要和朋友出去玩一晚上或者去做一次按摩。说实话，我只想要睡觉。我想要强调的一点是，不要仅仅因为网上的一些妈妈们说生活到处都可以找到平衡，就认为自己有问题而感到不舒服。我们不是圣人，与其寻找一种难以达到的平衡，不如采用一种积极的思维方式。如果我是一位赌徒，那么一定会赌"寻找平衡"只是寻找生活中的快乐的另一种说法。

小建议：可以买一条金鱼命名为"平衡"。下次当那位妈妈（你知道我说的是谁）评论你的生活，说"你需要自己找一下平衡"时，你就可以回答："我已经完全找到'平衡'了，看，很容易啊！"

谎言2：如果你给孩子全身擦一些薰衣草香味的润肤乳，他可以在7秒内入睡，整晚都不醒，也不会尿床。我们都知道广告的可信度比较低，但是在睡眠缺乏的状态下，就会开始相信它的有效性。看不到效果时，我们会感到很沮丧，会去想"别人家的宝宝怎么就可以安然入睡，我们家的宝宝在搞什么鬼？"事实上，如果你给宝宝全身擦了薰衣草香味的润肤乳，那么当他摇头大哭吵得你睡不着的时候，他的身上闻起来会很香。散发着香气的爱哭鬼——这就是你所得到的。你最应该期望的就是在整晚的呼吸中,这种薰衣草香味能够给你哪怕一点点镇定的作用。虽然我也买了,但是我明白这个道理。"你那大哭的小天使闻起来很香哦!"不是一种成功的营销方法,但是却接近事实。这些人卖给你的是不可能实现的希望,不要再购买了。

坏消息:你的宝宝也许不会睡得"像广告里的宝宝一样"(睡得很沉或者时间很长)。关于婴儿睡眠的研究证实了你所发现的以及在你之前的每位母亲费了很大劲儿发现的事实——宝宝们经常醒,而且再次入眠通常需要你的帮助。刚刚学会走路的儿童也会在夜里醒来。我的两个孩子相差2岁。大儿子直到3岁的时候才不会在夜里醒来;二儿子也是直到3岁的时候才能睡一整晚(至少他们两个是一致的)。有一年,他们两个在夜里的不同时间点醒来。我刚把这个哄入睡,另外一个又醒了。我的眼袋变得越来越大。那段时间真的很艰难。那5年的不眠之夜真的很漫长,但是现在想来感觉已经是很久以前的事情了。

好消息:这也会过去。坚持下去!

谎言3:孩子一生下来你就会爱上他,而且你会感到你们之间有一根难以置信的纽带连接着。也许会有这种感觉,也许没有,这都很正常。研究表明,20%的爸爸妈妈对新生儿没有真正的情感依恋。有时这种状态会持续数天或者数周,这也会让很多妈妈感到羞愧和内疚。有几种因素可能会影响这种依赖关系的建立,例如难产、产后抑郁或者早产。如果你不能马上建立这种依赖关系，不能说明你不是一个好妈妈！你可以通过抱抱、逗逗来了解你的小家伙，从而建立这种依赖关系。如果你觉得花费的时间比你预期的长，可以向医生寻求帮助。

谎言4:"喂养很简单，是一种本能。"我问了一些妈妈她们所听到的最大谎言，她们都提到了这句话。每一位母亲都会有自己独特的喂养经验。一些人会觉得更容易些，一些人却发现没那么容易，但即使这样，也没有什么可羞愧的。我希望我们都能摒弃那种为了成为"有资格的母亲"而必须达到一定标准的观念。

我们来看一些统计数据。在加利福尼亚大学戴维斯分校医学中心所做的一项研究中，研究人员采访了418位母亲，其中92%的母亲表示在孩子出生3天之后，她们便遇到了哺乳问题。一半的母亲挤不出奶，44%的母亲在喂奶时感到疼痛，40%的母亲感觉她们的奶不够。所以母亲哺乳时不能立马进入状态是非常正常的。母亲失去信心的原因就是存在认为"哺乳很简单"的偏见。也许你会挣扎。即使你不喜欢这件事也没有关系。我在喂乳时遇到了很多问题，基本上没得到什么帮助，所以我的孩子们最后都是喝奶粉的，他们长得都挺好的。妈妈们，摒弃羞愧，调整自己的心态。无论哪种方式，都没事。把预期结果想得糟点，也许你会得到出乎意料的惊喜啊！

谎言5:你需要准备所有婴儿用品。当怀大儿子的时候,我精心准备了一间漂亮的婴儿室,里面有一张华丽的婴儿床、一个尿布台、魔幻尿布桶、湿纸巾加热器和配套的尿布架。我准备了婴儿罩衣、婴儿鞋、婴儿袜、婴儿毛巾、婴儿座椅和婴儿玩具。现在想来,当时真是疯狂。儿子连一个晚上都没有在那间婴儿室里睡过。当他长大到已经无法在摇篮里睡觉时,我把他的那张小床搬到了我们屋里。

尿布台还不错,但是也不是必需品。真正需要的只有换尿布的垫子(甚至这也是可有可无的!),因为你可能在地上、沙发上、床上或者其他任何一片平整的地方为孩子换尿布。我是不会每天10～15次拖着自己酸痛的身体,爬几层楼梯专门到尿布台上为儿子换尿布的。湿纸巾加热器有用?你在开玩笑吗?罩衣除了照相时有用,其他场合没有任何作用。魔幻尿布桶一点都不神奇。那些尿布上的味道根本没有消失,它们闻起来依旧有味。婴儿鞋真的是娇小可爱,但是除非孩子能够走路,否则同样没有用。袜子从来都不会脱,我到现在仍然不明白为什么婴儿需要有自己的专属毛巾。

完全没有必要买一堆婴儿用品,一方面把房间都占满了,另一方面去爷爷奶奶家或者杂货店还得拖着。等到孩子能走路的时候再买吧!他们马上就会走了!

谎言6:婴儿训练裤应该是你给孩子买的第一条内裤。婴儿训练裤并不像广告里所描述的那样:孩子开心地把裤子脱下来,摇摇晃晃地去便壶里尿尿，看着这一幕，父母们会心地笑了。广告会误导你，使你相信你的孩子在这条训练裤的帮助下，也会自己去便壶里尿尿。看起来很简单，实际上并非如此。

实际上的场景是这样的。孩子会把这件惹人烦的训练裤扯下来，扔到地板上。如果幸运的话，他会在拉屎之前将其脱掉。之后，他会光着身子到处跑，拒绝穿任何内裤。第二种情况就是孩子会把它当成是尿布，因为对他们来说两者是一样的。第三种情形就是，他会把裤子扔到马桶里，摁一下按钮，很有成就感地说道："哈哈，结束！拜拜！"当然，事实上一切都没有结束，你得把毛巾铺在地上，清理溢出的水。请明白那些只是广告而已！不要再相信完美的孩子做完美的事情这样的谎言了！

虽然我们是在讨论如何训练孩子自己尿尿的话题，但是请注意，孩子们会自己学会的。有一天，你可能会发现所有孩子都不用尿布了，只有你的宝宝还在用。请相信你的宝宝也会有那么一天的，不要给自己或者孩子太大的压力。我就曾遇到过这种情况，而且感到异常焦虑，焦虑到长出了白头发，但是并没有任何作用。清醒一点吧！不要担心！在养育后代的宏伟计划中，这根本就无足轻重。

谎言7：这种教养方式一定会非常完美！这是其他谎言的基础。有一些广告宣传说，如果你做某件特定的事，一定能够得到理想的结果。很遗憾地告诉你，这种消息是不真实的。没有人能够确保一件东西会对所有宝宝都起作用,此外,你要当心那些说这些话的人。我们相信这些谎言是因为我们身心疲惫,想要以一些简单的方法来减少无止境的抱怨。但是这太难了,不可能是真的,因为没有万无一失的方法。姐妹们,你必须像其他人一样,学会随机应变。

我虽然仅有两个孩子,但是必须用不同的方式来教育他们,因为他们的性格不同!孩子是独一无二的,父母亦如此。父母所指望的应该是与孩子们之间的关系,而不是方法。我所能给出的最好的建议就是对孩子的发展做一项小小的研究,毕竟掌握孩子们的发展历程能够降低对孩子(以及自己)的一些妨碍你们关系的不切实际的期待。研究表明,那些了解孩子发展历程的父母能够更好地教育孩子。这是你能为你的幸福、孩子和自己所做的最好的事情之一。

谎言8:每一秒都应该去爱?这是不可能的。母爱确实很美!它深刻美妙、让人惊叹、令人敬畏,但同时也复杂无比,充满挑战性,使人疲惫,令人心碎。常常会有快乐的时刻,但你们相处的时间并不总是令人开心的。我们都非常爱自己的孩子,但是有时还是想要逃避一会儿,正常人都会有这种感觉的。

策略:降低期望值

标题看起来似乎有点不积极。解释一下,我并不是建议大家抱有一种消极的态度或者不好的期望，那样并不会使你更开心。我所建议大家的是，现实一点。我并不是在说空话蒙大家，而是有科学依据的。伦敦大学的一项研究表明快乐的秘诀就是降低期望值。负责该项目的高级研究员罗伯拉·特里奇说："快乐并不取决于事情的进展情况，而是是否比我们预期的好或者差。"

初为人母的快乐（以及你一生的快乐）都取决于你的期望和认知。作为母亲，拥有贴近现实的积极态度将会获得更多快乐！"贴近现实的积极态度"意味着你明白事情有时会杂乱无章让人耗费心神，但是你能接受这种状态并能在混乱中寻找快乐。有了孩子之后，我发现这种方法真的有用。期望过高或者听信谎言让我很多时候都处在一种失望的境地。此项策略可以帮助你在这个甜蜜又困惑的阶段少些失望。

快乐习惯

寻找一线希望。当生活被乌云笼罩或者你遇到棘手的问题时，从中寻找一线希望或者看到好的一面。寻找一种方式，重新定位你所处的情形，将消极的一面转化为积极的。必要的时候，做一个3分钟的冥想，建议每天都做一次。

所以，让我们来学习重新定义，寻找希望。回想过去遇到的一次困难，你现在能否从中找到一线希望呢？从某种角度来说，当时的情形是否对你有所帮助呢？它是否教给了你一些道理，或者包含了一份隐形的礼物呢？

过去曾遇到的一次困难：

_____

_____

_____

一线希望：

_____

_____

_____

想一下当前所遇到的困难。有没有想到好的一面呢？在这混乱中，你看到什么奇迹了吗？

消极的想法、感觉或者情形：

_____

_____

_____

一线希望：

_____

_____

_____

· 反思回顾 ·

1 你相信了哪些有关母爱的谎言呢?

2 把你的情绪像杂货店里的商品那样列出来。

3 在此阶段你有一些什么贴近现实的期待呢?

4 你如何培养一种贴近现实的积极态度呢?

5 在此阶段你真正享受的一件事是什么?

Part /*4*

跟随自己的内心与直觉

了解自己的心声

泪水顺着他通红的脸颊流下来。当他坐在走廊尽头的绿色小椅子上时，下嘴唇微微颤抖着。我心里有些许不忍，但是我控制住了自己，提醒自己这是我必须做的事情。即使我的眼里也有了泪水，但我仍然保持着自己的立场，因为别人都是这么说的——比如像"如果你退让，他以后就会压着你""他只是在试探你的底线"等这样疯狂的控诉。就好像这个漂亮、聪明的孩子是不怀好意地来到这世上一样；就好像他要和我一决雌雄；就好像他年仅3岁，却在密谋策划如何对抗自己的母亲。父母们对这些谎言深信不疑，孩子们因此遭遇了很多痛苦。

我抱着还是婴儿的小儿子坐下，想着和大儿子的关系到了一个转折点，心很疼。我怀念我们曾经的关系。自从小儿子出生后，大儿子就一直很淘气。我想，"'可怕的2岁'来得有点晚。准备战斗，赢得权利的时刻到了。管教本来就不会是快乐的"。我告诉自己，"必须严厉！他需要明白谁说了算！如果我现在任由他这么淘气，那么10年之后可还了得！"这些很响的声音在我的脑中挥之不去，所以我拿起自己的武器，命令他坐在小椅子上反思。一岁一分钟；如果站起来，重新开始。我是一个严格遵守规则的人。

当然，这些很响的声音没有一个是发自我内心的。这些都是家人、医生和专家的想法，我对此也深信不疑。我自己的声音在内心轻语，但是我却对此视而不见，甚至还在抑制。我的内心有这样一个声音："不要再这样做了，这样做对孩子伤害很大。"我不仅没有听，还让其他人的声音将其淹没。但是只有在我屏蔽掉别人的声音，开始听从自己的心声时，教育才变得容易了些，我自己也变得更加开心了。

也许你已经意识到了关于教育孩子每个人都有自己的观点，他们会频繁坦诚地和你分享。在"美好往日"，你的父母、公公婆婆或者爱管闲事的邻居都会主动给你一些建议。现在，我们能从社交媒体和网站上获得大量关于教育孩子的建议。每一天，我们都会接收到无穷无尽的信息。问题在于，我们很难区分事实和观点，很难区分别人的想法和自己的想法。

能够轻易地获取这些信息"可能"是一件好事。事实上，我在脸书页面做过一项调查，其中81%的受访父母说从网上所获得的这些资源使他们更加开心，只有19%的父母认为这些信息没有使他们开心。这个结果和英国的一项研究结果一致，研究发现人们的幸福感和互联网的介入有一定联系，还发现妇女尤其能从网上获得更多的快乐，但是报告中没有说明为什么。

我猜想，在那项研究中，妇女快乐指数增加是因为互联网使得她们可以和别人沟通，结交志同道合的朋友，以及更好地收拾屋子，还有看滑稽的猫咪视频并且哈哈大笑。互联网可以给予人们灵感、激励人们进步、启发人们思考。当然，在做妈妈的这趟旅程中，互联网是我的工具，帮助我在改进自己的教育方式及改善和孩子之间的关系方面做出了巨大的积极改变。它帮助我找到了新的朋友和绝佳的支持体系。我的一些非常亲密的朋友在遥远的异国他乡，如果不是互联网，我永远不会认识他们。

然而，能够轻易获取无穷无尽的信息对你以及那些能够轻易地随时联系上你的人来说也有不利的一面。别人的声音无休止地堆积在你的脑海中，会淹没你自己的声音。它们会诱导你预测自己的决定从而觉得自己做任何事情都是错误的。互联网使得我们可以和很多妈妈们进行比较，结果使得我们受到"圣母"的谴责："你不如我称职！"因为育儿选择的不同，你可能会被人肉搜索、被骚扰、被羞辱和谴责，这些经历真的很痛苦。作家格雷戈·麦吉沃恩说："这个时代的主要标志不是过大的信息量而是过多的观点。为了使自己的声音不被周围的声音所淹没，我们需要清楚自己想要什么。"

策略：明确自己想要什么

因此，妈妈们，我们本章所要做的第一件事就是明确自己想要什么。当你异常清楚自己想要的是什么以及有这种需要的原因时，你自己的声音就能碾压其他声音，从而指引你前进。如果不能发现自己内心的真正声音，那么你是不可能随着心走的，因此从现在开始，通过培养自己的快乐习惯和回答随后的反思回顾的问题来找到自己内心的声音吧！我强烈建议大家在安静、不被打扰的情况下来做这些活动，因为我明白做到上述所说的事情会很难。

快乐习惯

在日常生活中培养"静心"的习惯。这并不是要进行长达1小时的冥想仪式或者每天在一个小方框里打钩。最初，每天可以花3～5分钟的时间舒服地坐下或者躺下，聚精会神，关注自己的呼吸。不要去思考任何问题或者这样做的目的，就是简单地让自己的心灵休息。不要去寻找任何答案，就是独自坐下，和自己独处。

摒除杂念，学会倾听自己的心声，这个过程需要不断地练习。下周当你做此项练习的时候，简单记录下这个过程。平静地坐下，记下你脑中不断出现的需要你抑制的想法。写下摒除杂念之后的感受。标记你所花的时间，写下完成练习之后的感觉。所有这些信息能够帮助你掌握"摒除杂念，学会倾听自己的心声"的技巧。

第 1 天：

第 2 天：

第 3 天：

第 4 天：

第5天：

第6天：

第7天：

· 反思回顾 ·

下面几个问题可以帮助你认识在教育孩子的过程中，你想要的到底是什么。

1 你想送给孩子的一份礼物是什么？

2 在小的时候，你收到过什么自己需要的东西，以及有什么东西是你需要却没有得到的？

3 用一系列形容词来形容母亲：母亲是……

4 当你的孩子们向他们的后代描述你时，你希望他们如何描述？

5 列举一件你觉得自己应该继续做的事情。

为什么说肠道是超级聪明的

你知道肠道里存在着1亿多个脑细胞吗？肠神经系统由控制着肠道的神经元系统组成，被称为人的"第二大脑"。肠神经系统和中枢神经系统会有频繁的交流。也许你曾经经历过"在重要时刻因为紧张肚子咕噜噜叫"，那就是你的肠道和大脑在双向互动。这些知识也许解释了为什么"直觉"被称为"胃的感觉"。也许就像大脑理解肠道微生物组一样，肠胃在潜意识中也明白将要发生的事情。

此外，科学家发现人类似乎有两个操作系统。凯里·特纳博士说，第一个是由我们的右脑及其周围组织控制的，被称为"爬虫类脑"，它是本能的、快速的，经常是无意识的。第二个是由左脑和大脑新皮质控制的，反应稍微慢点，但是分析精确的操作系统。直觉是属于第一个操作系统里的。特纳说，"换句话说，直觉不是我们运用理智通过思考得出的结果，而是出于一种本能反应"。另外，研究学者发现我们的第一种操作系统通常能够在第二种操作系统反应之前给出更好的答案，而且大多数情况下，"直觉"是正确的。

研究表明，在做重大决定（教养决定通常都很重大）时，相信你的直觉能够帮助你取得更好的结果——长话短说——直觉要比那些爱管闲事的三姑八婆管用得多。你要相信科学！

还记得在本章开始我所讲的自己的故事吗？那个我惩罚了自己的儿子却又和他一起哭的故事吗？其实，每次让他独自在椅子上反思时，我的直觉都会告诉我这是错误的。长达数月，我一直忽视它。但是事实证明，关于那件事，我的直觉是完全正确的。

我的儿子并不是叛逆或者淘气，他只是在表达自己的感情——家里多了一个宝宝，而且每天占据妈妈很多时间；他很失落，因为曾经妈妈和他是那么亲密。听从别人的声音使得我漏掉了非常重要的一件事——儿子的痛苦。最初，我全部的心思都在培养孩子的行为习惯上，以至于根本没有注意到他的痛苦。我只看到了我想看到的。可怕的2岁。一个叛逆的学步小孩。一个与父母争夺控制权的小孩。完全错误。当我听从自己的直觉，回头看孩子的经历的时候，发现他只是高度敏感，他需要的是沟通和温柔的引导。我很感激自己最终听从了内心的直觉，终止了乱七八糟的恶性循环。

在做妈妈的过程中，我有过许多不知自己的选择是否正确的时刻。很多时候，我都忽视了自己的直觉，因为我的思考之脑接替了直觉，认为它自己能得到所有答案，但是我想不出一个因为我没有听从自己的直觉而感到快乐的时刻。从纷繁嘈杂的声音中找到自己的声音并不是那么容易，但是我至少学会了制止那些声音，听从自己的直觉，因为很多时候，它能给予我正确的指导。

策略:直觉检测

在纷繁嘈杂的世界中学习听从自己内心的声音非常具有挑战性。每次当我的儿子不知如何做决定时,我都会告诉他去投掷一枚硬币。其实无关正面或者反面。我告诉他在硬币落地之前,他就会得到答案。他所希望的就是答案。这是一种非常巧妙的方法。下次当你因为不知如何做决定而痛苦时可以使用这种方法。

敞开心扉,接受直觉告诉你的任何事情。有时,我害怕直觉会告诉我任何我不想听的事情。有时听从专家的建议可能会更踏实。听从如直觉这样抽象的东西可能会让你觉得很恐怖,但是当你明白这是你的第二大脑时,也许会感觉它更可靠。

快乐习惯

我的思考之脑喜欢思考——非常喜欢。可能你会说它只是有点活跃。但是如果允许自己开始分析直觉,我就会开始感觉非常困惑。不要用逻辑去分析直觉。本章的快乐习惯不是要你开始建立而是要你摒弃。

摒弃过度思考的习惯。过度思考会窃取你的快乐,占据你很多的精力。它会使你筋疲力尽、不知所措。就按照你最初认为正确的直觉走,看看结果会如何。

过度思考会窃取快乐。

• 反思回顾 •

1 回想你没有相信自己直觉的一件事,结果如何?

2 回想你相信自己直觉的一件事,结果如何?

3 现在有你应该听从自己直觉的事吗?

4 听从自己的直觉时,你会担心什么呢?

5 你会如何对孩子描述凭直觉做决定的感觉呢?

Part /5

我要我的快乐

但是我很忙

前些年，我一直处于忙碌的状态中。不是你们所认为的那样的日常忙碌，而是难以置信的忙！在外人看来，我似乎是一位多产的超级妈妈。我并不是要和别人攀比，我的成就只会让其他人望尘莫及！我可以：在家教孩子；经营童子军训练营；教授合作类课程；组织学员外出活动；写书；发博客帖子；利用社交媒体发展自己的事业；寓教于乐，让孩子在学习和玩耍中感受快乐；送孩子去上空手道课；保持房间的整洁。所有这些都是一天要完成的工作。你能猜测一下这样下去结果会如何吗？

精神崩溃。就是这个结果。谁能想得到呢？也许我看起来像超级妈妈，但是在这虚假的面具之下，我是一位劳累暴躁的妇女，并没有把自己最好的一面展示给家人。焦虑使我大发雷霆，抑郁也在慢慢向我逼近，这就是忙碌的结果。它会慢慢侵蚀你，直到有一天你完全不认识自己。每天忙忙碌碌，却忘记了要做自己。

为什么很多人都以忙碌而自豪呢？为什么很多忙碌的人都觉得自己戴了一枚荣誉勋章？为什么曾经忙碌的我也像戴着一枚荣

誉勋章呢? 有些人认为, 忙碌会使他们觉得自己很重要、很有价值, 以及被他人需要。有些人则用忙碌来掩饰自己, 他们用任务列表来遮掩自己生活的混乱, 每天想的就是在列表中的小方框里做标记, 但是他们更容易在忙碌中迷失, 而不是使自己的心灵回归宁静。对我来说, 我并不是想让自己感到自己很重要, 只是想和别人一样。我圈子里的每个人都很忙而且都能应付自如。他们总是很热心, 总是面带微笑, 总是一手抱着孩子, 一手端着自己亲手做的非常精致的纸杯蛋糕。他们似乎能够摆平所有事情, 我不希望自己是一个无法跟上别人步伐的失败者。我认为忙碌的根源, 就是想要证明自己的价值, 可能是受别人的影响, 也可能是自己的自尊心在作怪。

但是, 对我来说, 与别人保持一致的代价太高了。当我最终摘掉自己的面具之后, 开始好奇还有多少超级妈妈戴着面具, 开始好奇面具之下的她们到底是什么样子的, 因为面具之下的我有一张泪水涟涟的脸, 上面有脱落的睫毛膏、很重的黑眼圈, 还充满了怒气。我拥有了曾经想要的一切, 却几乎没有任何喜悦。朋友们, 生活不应该是这样的。在耗光了自己所有的时间和精力之后, 事实证明我没有向任何人证明我的价值, 一个也没有。我只是这场竞赛中微不足道的一员, 没有人会关注我的成就。他们只是关注自己的成就。对我真正重要的人不会用我的成就衡量我的价值。对我的两个儿子来说, 我有多大的成就并不重要。他们不想要一位受人尊敬的妈妈，也不想要一位光彩照人的妈妈，他们只想要一位快乐的妈妈。

这里需要提到另外一个重要的问题，一个不能被忽视的问题。我们已经习惯了持续不断的激励，以至于一旦没有了，就会感到不舒服。我们自创了许多压力，让自己变得很忙碌，因为对于我们来说，这样要比整天坐着更舒服。在很多研究中，参与者被放到一个房间里长达15分钟，他们都说自己不喜欢独处的时间。之后，实验人员给了他们一次温和的电击，并问他们是否愿意花钱避免再次被电击。参与者说愿意。但是当他们——说愿意的志愿者，被再一次关了15分钟之后，都选择了自愿接受电击而不是仅仅坐在那里。这不是很令人震惊吗？一些人无法忍受无事可做，即使忙碌会带来很大的压力。有时，压力要比平静更让人感觉熟悉和欣慰。

当然，还有一点就是取悦别人。你不想让别人失望吧？我也是。我想要所有人都喜欢我，想要让每个人都开心，而这经常需要花费掉我自己的时间、精力或者牺牲自己的快乐。取悦他人的背后其实是一种完美主义在作祟，包含着一种害怕被拒绝的恐惧心理和一种渴求被尊重的需要。如果我们不小心，寻求归属感可能会使我们走上一条充满危险的道路，因为当我们的需要得不到满足时，心中就会充满愤恨，那么即使是一开始我们觉得快乐的任务，也会变成一种无趣的拖累。

几年前，我竭尽全力想要追上其他妈妈们，但是最终因为忙碌而牺牲了自己的快乐。我发现继续这样忙碌下去对孩子和我来说都得不偿失，因此我缩减了自己的日程表，放弃了一些工作。事实上，我稍微有点极端了，因为我几乎进入了休眠状态，但当时需要这么做。我这样做让别人失望了吗？是的。使别人失望让我感到不舒服，但是我最终还是把家庭放在了首位，这感觉很好。毕竟世界并不会因为你拒绝他人而毁灭。

选择快乐的忙碌，还是为了寻求名利的奔波？

首先，我要澄清一个观念：不是所有的忙碌都具有破坏性影响。有我刚才提到的"为了寻求名利的奔波"，但是也有另外一种忙碌，不会使人感到极度压迫或者筋疲力尽，而会使人感到快乐且具有成就感。当前，我的小家庭就处于"快乐的忙碌"中，我们每个人都很享受。当然，中间也会有一些不快乐的时候，因此我们制定了一些需要彼此慢下来并且有助于我们团结一致增加亲密感的规矩。这也是在忙碌中寻找快乐的关键。

忙于自己钟爱之事——那些可以滋养灵魂且使你开心的事情是一种状态。而使你处于一种极度痛苦、压力倍增且筋疲力尽的忙碌中的是另外一种状态。你属于哪种状态呢？你是在快乐的忙碌，还是为寻求名利而奔波着？以前，我总是会榨干自己。现在，当我感到自己知识匮乏时，会花点时间再一次充实自己。当孩子还小时，想要做到这些很难，因此如果你现在所处的状况导致你没有太多自己的时间，请接受我隔着书本的一个拥抱。但是，妈妈们，总会有改善的方法的。我每天会用本来可以睡觉或者读一本好书的时间去浏览社交媒体吸收知识。你也一样吗？

快乐妈妈小贴士：不要因为忙碌而错过生命中一些真正重要的事情。如果你当前脑子不断运转或者身体四处奔波，那么很难有时间和孩子相处。你可能会错过孩子青春期时所需要的一次重要谈话或者错过和刚学会走路的孩子玩耍的机会。你也许会错过在重要时刻和爱人在一起的机会或者在别人需要的时候给予关爱的机会。因为你太忙了，根本看不到这些机会。当然，做这些事情的时候，我会感到有些愧疚，我敢打赌你们中有很多人也有这种感觉，但是这与完美无关！这是要帮助心灵回归宁静，让自己更加快乐；这是你放下电话，放下自己的日程安排，远离分散自己注意力的事情，全神贯注地爱自己身边的人。

妈妈们，你们的价值并不取决于你们为烤饼义卖所做的巧克力方块蛋糕，也不取决于你们主动参与书籍义卖的工作能力。你们的价值和回复邮件的数量或者速度无关。你们的价值并不是由创作的数量、产品销售数量、采取行动的数量或者房子的整洁度决定的。它并不是由极其奢华的晚餐、令人称赞的生日聚会或者任何你能或者不能完成的事情决定的。你是一位有价值的母亲，生来就值得拥有爱、归属感和幸福。如果你在生孩子之前没有拥有这些，我真的为你感到遗憾。在生命的前几章你没有掌控能力，但是现在你有机会掌控自己。孩子们对你怀有崇高的敬意，对他们来说，最重要的不是你的成就而是你的陪伴。他们只想和你一起，被你扶持，看到你笑。孩子们能看到你的价值，而且你也是时候看到自己的价值了。

孩子们能看到你的价值，而且是时候你也该看到自己的价值了。

策略：收集神奇时刻

每天都会有神奇时刻——或少（或多），为我们带来快乐、喜悦、满足，使我们敬畏和惊奇。这些时刻美到令人窒息、爽到使人精神焕发、暖到融化心灵。如果我们能够多停下来收集这些转瞬即逝的时刻——去关注欣赏——这些神奇时刻会让我们感恩从而更加快乐。

为什么这条策略能够起作用呢？因为它打破了忙碌的恶性循环，使你有时间来关注自己身边的美好。这种正念练习能够帮助你更多地参与到你和你所爱之人的生活之中，而不仅仅是机械地忙碌。关于正念的研究表明，每天练习有助于改善健康，增强抗压能力，提高情商，最终增加快乐。

我建议大家准备一个广口瓶，把自己所感受到的神奇时刻放进去。每次当你收集到一个神奇时刻——孩子的大笑、爱人的拥抱、温暖的床、清香可口的茶、悦耳的鸟鸣——把它记录在一张小纸条上，折叠起来，放入到你的广口瓶中。当广口瓶里的小纸条不断增加的时候，你就能够切实感受到快乐的增多。

快乐习惯

回想今天的三个神奇时刻。写在下面。

时刻 1：

时刻 2：

时刻 3：

反思回顾

1 你是在快乐地忙碌，还是为了名利而奔波？你的忙碌对你有什么影响呢？

2 你应该拒绝哪些事情？

3 写下你当前的职责，画掉那些不能给你带来快乐的。留下的是什么呢？

4 列一个优先事项清单。有哪些优先事项是你现在花时间在做的呢？

5 如果你决定终止某项工作，最坏的结果是什么？

孩子们能看到你的价值，而且是时候你也该看到自己的价值了。

Part / **6**

负面想法和态度是脑中的"毒瘤"

切除脑中的"毒瘤":彻底摒弃负面想法和态度

你知道黛比(黛比是指那些不懂得知足,周旋在家与工作之间,整天负面情绪爆棚的妇女)吗?

在外人看来,黛比似乎应该非常开心。她拥有一位对她宠爱有加的老公、三个优秀的孩子、一所非常不错的郊区房子和一份努力拼搏所得到的事业。然而,黛比从来都不懂得知足。她自己也明白应该开心,但却总是很悲观。即使她的丈夫非常体贴,工作努力,又是一位好父亲,但是她却经常因为他下班晚而恼怒。除此之外,她还认为他的木工爱好纯粹是浪费时间。她的三个孩子分别是8岁、6岁和2岁,虽然她对他们的爱很强烈,但是孩子们让她筋疲力尽。黛比下班后没有所谓的放松,有的就是辅导孩子做家庭作业、为孩子准备午餐、调节兄弟姐妹间的争吵、做晚饭、给孩子讲故事。等她丈夫在晚上8:00左右到家的时候,她通常心情不好,烦躁易怒。

她想,如果她的丈夫能够在她身边多帮助她一些,她会更开心;如果她的孩子能够更独立,她会更开心;如果他们能够去好好地度一次假，她会更开心；如果她能去健身房减掉自己身上多余的脂肪，会更开心；如果他们没有车贷，她会更开心；如果她能够晋升……

岁月如梭，她的孩子长大了，分别是16岁、14岁和10岁，当然，他们更加独立了。但是如果你问她，她会觉得他们太独立了。黛比每天担心两个处于青春期的孩子和那个即将要进入青春期的孩子。她开始希望孩子能够变回小时候，开始后悔在孩子小的时候，没有好好享受时光。她的丈夫换了一份朝九晚五的工作，每天她刚到家，丈夫就回来了，尽管丈夫帮了她一些，但是她的态度依然没有改变。她有太多要做的事情，时间总是不够用。

她想，如果她的睡眠质量更好，她会更开心；如果她能回到过去重来一次，就会更开心；如果她的孩子们能够做出正确的选择，学业有成，她更开心；如果她能够不担心孩子们上大学的费用……

她的家变得出奇的安静。最小的孩子在上个月搬出去了。在他的房间里，她躲在被子底下啜泣，心里充满了懊悔。她愿意放弃所有，只愿他们能够回来，只愿他们能够再次成为婴儿。如果可以重来，她一定会抽出时间陪他们一起玩。她一定不会整天忧心忡忡。她会欣赏他们的笑容而不是责备他们睡觉太晚，以及把家里糟蹋得一团乱。她会把自己的精力用在更多地关注那些她现在已经渐渐记不起来的细节上——他们在她怀里撒娇的样子，刚学会走路时手上的小肉坑，变声之前的小奶音。回过头来看看自己的丈夫，她发现自己已经数年没有认真地看过他了。她多么希望老公对于她来说不这么像一位陌生人。她感到如此孤独。

她想，如果她能再一次拥抱他们，就会更开心；如果她能和孩子们一起玩洋娃娃、小火车，一起乔装打扮，而不是冷冷地回复一句"现在不行，我忙着呢"，就会很开心；如果她和丈夫更加亲密，就会更加开心；如果她能退休，但还早着呢……

她老了，因为常年操心，脸上布满皱纹。当她独自躺在医院的病床上时，花白的头发顺着肩膀垂下来。她明白早上孩子们就会过来，想到要见到他们，她的脸上露出一丝虚弱的微笑。她的健康状况很差，结果充满不确定，但是她有一件事急切地想要告诉自己的孩子们。当他们都来到她的身边时，她说：

"每天怀抱一颗感恩之心生活。不要想着将来某一天会开心。珍惜孩子小时候的那些时光。暂时放下手机，放下日程表中所谓的'重要的事'，陪伴孩子。真正地陪伴孩子。当他们邀请你和他们一起玩的时候加入他们。欣赏他们的酒窝和小卷发。不要因为小事而大发雷霆，毕竟他们还小。生命很长，但是消逝得很快，结束的时候一切就真的结束了，不可能再回去。如果今天可以尽情地生活、尽情地爱，明天就不会有遗憾。制造一些美好的回忆，保存下来，最重要的是，一定要开心。只要开心就好。"

我不仅仅认识黛比，还已经成了黛比。我不想让自己的一生这样度过，但是我在黛比的眼睛里看到了自己。因为我总盯着一些问题，所以错过了生活中的很多美好，负面情绪使得许多快乐时光从指间溜走。

在上述事例中，当黛比的孩子已经成为青少年时，她虽然开始悔恨错过了他们的孩童时期，但是仍然没有享受当下。她只是在懊悔过去，惧怕未来，没有热爱当下。这是一种非常难受的生活状态。我不想消极生活，错过摆在自己面前的快乐。

我知道如果我想成为一位快乐的母亲，就必须留意自己的态度。从记事起，我就开始有负面想法。然而，我已经做了大量研究，理解了培养积极的态度对成为一名更体贴、更健康的妈妈的重要性。但是，积极的态度并不是摆出一副假笑或者强迫自己做不想做的事。积极的态度要贯穿整个思想进程，运用于如何看待周围的世界和周围的人，体现在排除困难、奋勇前进的能力以及遭遇挫折之后重新再来的勇气上。

当然，神经学家为我们带来了好消息和坏消息。首先，我会告诉你坏消息。消极思考就像毒品，会使人上瘾，就像我们沉溺于某种行为时的那种感觉。事实上，在人类进化过程中，我们的大脑会总想着去关注不好的一面。当然，这样做，是为了保护自己，所以我们也不能过于痛恨。我们的祖先需要关注周围的危险，才能生存下来。更可怕的是，一旦我们进入了消极思考的怪圈，所形成的神经通路就很容易成为一种惯性的消极思维。对了，还有一个坏消息。消极思考会破坏调控情感和记忆的神经结构。

下面是好消息。大脑是可以调节的，只要付出一定努力，我们就能使自己的思维模式更加积极、更加乐观。多亏大脑的经验依赖可塑性，当我们改变自己的经验（我们的思维模式以及如何感知发生在我们身上的事）时，就能够改变神经元结构。慢慢地，积极思考就会变得越来越容易。积极思考能够减少疾病、延长寿命、减轻压力、降低抑郁和心血管疾病的风险，还能带来无数的好结果，真的值得努力去培养。

我们的态度是一种选择，虽然有时你并不这么认为。没有人能为你书写自己的生命故事，除了你自己。只有你自己能够决定如何度过余生。态度不仅对我们自己如此重要，对孩子来说也是如此！我们希望孩子能够积极地思考，养成乐观的生活态度。但是他们是跟着谁学的呢？谁是他们一生的老师呢？

没有人能为你书写自己的生命故事，除了你自己。

这个问题可以从两方面考虑。第一，孩子们会向父母学习如何面对生活中的跌宕起伏。他们会效仿父母，用同样的态度处理问题。当然，他们的态度会决定他们如何度过余生，会决定他们的幸福水平。因此，我们要为他们树立一个好榜样。第二，妈妈的态度影响着家庭氛围。我的态度会影响整个家庭。虽然我没有看到过类似的报告，但是我认为这是肯定的，而且我敢打赌你们也同意。正如那句话所说，"如果妈妈不快乐，家里没人会快乐"。

策略：挑战你的负面想法

那么如何才能创造新的神经通路呢？你必须采取积极的行动，把每一个负面想法拿出来放在灯下，对着它大喊。这些负面想法害怕曝光，因为它们通常都很阴暗。制止你的负面想法，是的，每一个负面想法，向它宣战。不对吗？用积极的想法来替换，或者至少是中立、正确的想法。这个过程会很艰难，也很耗时，不会马上见效。最初，可能你每天都要挑战数百个消极想法。可能会无聊，但是可以这样想：反正每天都在思考，为什么不思考些有用的事呢！

快乐习惯

在下面的横线上写下你需要挑战的一些负面想法。

_____

_____

_____

_____

相比消极的想法，怀有积极的想法能让你将每件事做得更好。

——金克拉

反思回顾

1 如果你的孩子出现了负面想法，你会给出什么建议呢？

2 当你积极思考时，身体是什么感觉？

3 你的负面情绪对孩子有什么影响？他们如何反应？

4 列举五件能够使你的心灵宁静下来的事情。

5 列举五件能够使你开心的事情。

勇敢地面对脑中的"毒瘤"

"你真难看。"她说。她把眼睛眯起来,鼻子皱了起来,露出一副嫌弃的表情。她继续怒视着我,之后,又给了我一拳。"上个月你老了10岁,看你脸上的皱纹。"我的心沉了下来,走出浴室,远离镜子中的混蛋。

当然,她也跟着我,无时无刻不跟着我,嘲笑奚落我。

"没有人在乎你的想法。"

"你是一个傻瓜。放弃吧!"

"你一点天赋都没有。"

从童年起,我就接触到了大量的混蛋,但是没有一个像我脑中的这个这么可怕。在成为快乐妈妈的这趟旅程中,我总是过分地自我批判,直到后来我才意识到这个问题的严重性。事实上,我不是特别喜欢自己。我当然也不会喜欢任何用那种方式和我说话的人,所以我刚才的行为是完全可以理解的。有时,我们所面临的最大批判者就是我们自己。

我还可以说出很多,比如学校里的孩子叫我"河马",就在前两天我的作品受到了批评。我们都有类似的经历,不是吗?我们可以谴责他们言辞刻薄,但是谴责并不能解决问题。最后,我想说，这是我们的舞台，我们可以自己决定谁是主角。总会有一些人看不到我们的价值，真正可怕的是我们看不到自己的价值。

当我儿子第一次在视频网站上收到恶意评论时，我这样告诉他："不要让他们可憎的灵魂侵袭自己美丽的心灵。他们看不到你身上的光是因为他们内心阴暗。那并不说明你没有发光。继续闪耀吧！"每次当他遭到恶意诋毁时，我都会用不同的话术给儿子传递相同的信息。我不想让儿子看不到自己的价值。和儿子说这些话的时候，自己也备受鼓舞，我意识到我的内心也急需这些信息。

对那些奚落我的小女孩，对那些甩了我的男孩，对那些在我背后捅刀的朋友，对网上的语言暴力，对任何说过我坏话的人，尤其是对脑中的混蛋，我想说："你们可憎的灵魂侵袭不了我的心灵。我将一直闪耀。"

策略：安静，小鬼！不要说话

击败内心的混蛋就像摒弃那些负面想法，但是前者会更具有人身攻击性。一个负面想法可能是"今天真失败"，但是内心的混蛋也许会说："你就是一个失败者。"从此刻开始，马上停止这些可憎的想法，开始对自己进行积极评价，每一天都要这样，虽然起初听起来会感觉有点怪。积极的自我暗示可以提高自信，重拾自尊。

当内心的混蛋再一次出现时，你可以说："安静，小鬼！"然后，告诉自己你有多厉害，因为，妈妈们，你们真的非常棒！

快乐习惯

给自己写一封友好的信件。列举自己的优点，告诉自己为什么值得被爱，值得享受快乐。

• 反思回顾 •

1 写下一些你自我批评的具体信息。

2 写下你准备如何抵制负面想法和消极态度。你准备采取的一项具体行动是什么？

3 你自己感到自豪的事情是什么？

4 你擅长的事情是什么？

5 你需要原谅自己的事情是什么？

Part 7

有毒人群和有毒的习惯

当你读到本章的标题时，脑子里有没有立即浮现出一个人？通常我们很清楚有毒的人是谁，但是却不知道如何应付他。如果此人为家庭成员或者无法轻易远离的同事，那么想要阻止他榨取我们的快乐就会更难。然而，因为终有一天，我们的孩子也会遇到这样的人，也会面临两个选择——被榨干或者与他划清界限，所以，我认为我们不仅有权利也有义务来为孩子树立榜样，教他表明自己的底线。

虽然大部分有毒之人都是显而易见的，但是也有一些比较难察觉。有一种检验方法可以帮助你判断他们是否有毒：他们会让你情绪低落、易生气、易争辩、易羞愧、易自我批评、易沮丧吗？频率高吗？偶尔一起度过比较糟糕的一天或者比较艰难的一段时期，并不能说明他们有毒。我们都是普通人，有缺点和瑕疵，但是都值得被爱。然而，当你不断受到消极影响，你的底线不断被挑战的时候，那么这段关系就有毒了。

关键问题是：我们要如何划清界限呢？这个问题很难，很多人可能都会告诉你，立即断绝与有毒之人的来往，且不要后悔；把他们抛在一边，忘记他们。有时，我认为这种做法很有必要，但是请不要立即把这些人像扔掉脏海绵一样抛弃。我们很容易爱上可爱之人，爱上与你共舞之人和与你共歌之人。但是那些惹你生气、负面情绪爆棚的人与有毒之人——他们就真的不值得你去爱？不值得你去建立一段友谊吗？我认为那些不擅长去爱别人的人通常都缺爱。当然，我们需要与这些人保持一定的距离。虽然他们不可能虐待你，但是他们也许有缺点、受过伤可能是不完美的。即使这样，他们仍然值得被爱，也会成为某人生命中的一部分。也许如果你再给这些受伤的人一次机会，给予他们谅解、关爱、友好，他们受到的伤害会小一点。也许你能在他们伤口愈合的过程中出一份绵薄之力。因此，在决定是否与一些人断交时，我们要谨慎。

尽管如此，我们还是要避免结交一些不值得结交的人。有一些人根本不会尊重你的底线。可憎之人、卑鄙龌龊之人、无礼之人、极其可恶之人、满口污言秽语之人不应该出现在你的生命里，也不应该出现在你孩子们的生命里。正如汉特梅克·珍在她的书《爱》中所说，"允许别人反复伤害你不是一种仁慈"。我们用看得见的障碍物（比如门、墙）来理解一下这句话。想象一下，你站在敞开的大门里面。在大门外面有一扇上了锁的门，需要钥匙（允许）才能通过；在更远处有一面没有门（禁止入内）的墙。根据他们的毒性大小，你可以安排他们出现在不同的地方。在敞开的大门内，应该是无毒之人。听从鲁米的建议，"点燃自己的生命，寻找那些能够助长你的火势的人"。你的家人和最亲密的圈子应该由那些能够让你燃烧斗志的人——深爱你、尊重你、能看到你的价值的人组成。

在锁着的门外面的应该是那些你喜欢且他们也喜欢你的人，但是他们有时会给你传递一些负面情绪。他们有时可能挑剔、苛刻、浑身是刺。与这些人相处太久可能会使你情绪低落，但是你可以一步步地应付。首先，告诉这些人你的底线，在他们取得钥匙（如果有那么一天）前将他们安排在门外。例如，你可以这么说："我不想再听你批判我的育儿决定。我在为家庭做我认为对的事。我很乐意和你交谈，但是你必须停止评判。"这种对话极有可能使人不舒服，你需要很大的勇气，但这是非常有必要的一步。一些人在成长过程中根本没有界限的概念，他们可能并不认为自己的做法会对别人造成伤害。你需要耐心地告诉他们被锁在门外的原因，并且让他们懂得如何获取钥匙。

那些满嘴污言秽语之人和那些完全不尊重你的底线的人应该被留在无门的墙外。你完全没有必要感到愧疚，因为你有权利保护自己的家人，捍卫自己的幸福。

白手套会沾上泥土，泥土却不受影响

我丈夫告诉我一句话："如果你把一副白手套扔到泥里，手套会变脏；但是泥土却不会变白。"因为我不确定这是他自己编的还是他从某处看到的，所以在网上搜了一下这个句子。我发现它来自迪恩·伍德所写的一首叫作《泥不会弄脏手套》的诗。虽然诗写得更有文采（不好意思，老公），但是和我所讲的是同样的道理。负面情绪对你的影响很大，如果你在有毒之人身上花费时间，那么你的手套就会变脏。你的心情会很失落或者你可能会开始暴躁、伤感、难过。谨慎提防他们的影响，不要把"变脏的手套"带入家庭。如果我们不注意，那么和有毒之人的交流方式非常有可能影响到我们和孩子们以及所爱之人的交流方式。

在亨利·克劳德和约翰·汤森德博士的书《界限》里，作者提出："界限出现问题的明显标志就是你和一个人的关系已经能够影响你和其他人的关系。你给予这个人的分量太重了。"我亲身经历过这样的事情，事实上，这样的事情过去经常发生在我身上。比如，和某个人通完电话后我会觉得自卑、羞愧、生气，这种情绪会持续很长一段时间。而且，在这一天的剩下时间里，这种情绪会被放大，我也会变得狂躁不安或者沉默寡言。我很难从这种情绪里走出来。我的这种情绪会影响到家里的每一个人，然而电话那头的人却没有受到丝毫影响。他永远都不会知道他的话语如何伤害到了我。即使我说了这么多，他也不会理睬我，就好像是我自己过于敏感了。因此，我必须和他划清界限，将这种人放在锁着的门的外面。这意味着，我要尽量减少与此人的对话，一旦听到批评或者评判，就会结束对话。我再也不会继续坐着听下去。

应付有毒之人的步骤

1. 评估此人的毒性指数。

他是一个恶意伤害别人的人，还是因为性格不同而导致关系有毒呢？如果是性格不同，那么此人还值得被爱；但是如果是恶意伤害别人的人，要坚决绝交。我们可以通过回答下面这些问题来判断一个人的毒性指数。

此人喜欢我吗？

此人会从内心维护我的利益吗？

此人尊重我吗？

花费时间与此人共处后通常有什么样的感觉？

此人惹怒我的地方是什么？

此人尊重我的底线吗？

2. 根据此人的毒性指数来决定此人所在的圈子。

结交那些值得你爱的人，离开那些你必须离开的人。警惕一些卑鄙之人，如总是背后抱怨自己伴侣或者孩子的朋友，警惕那些总是会看到事情不利一面的消极之人，警惕那些对小事大惊小怪之人。虽然他们的问题可能与你无关，但是却会影响到你。

3. 对于那些需要与之划清界限的人清楚地说明自己的底线。

不过如果你能给予他们一次机会，也许他们会改变对待你的方式或者在你面前的行为。许多有毒之人并没有意识到他们的行为有毒。他们在明白你的底线之后，也许会给你一份全新的尊重。通过清楚申明自己的底线，至少你能够明白谁值得你的尊重，谁不值得，那么也就能够更加容易地判断出应该把哪些人放在无门的那面墙之外。

4. 不要感到愧疚。

如果你的生命中有一些人应该绝交，那么你不会轻易下定决心。你对他们进行了毒性指数测试，给了他们一次尊重你底线的机会。你做的已经够多了，该绝交了，也不要因为绝交而愧疚。此外，有些人原本就不该出现在我们的生命中。虽然我们必须谨慎做决定，但是一旦做出决定，就要尊重自己的选择，坚持到最后。

毒性习惯

在你生活中，最大毒源也许并不是他人而是你自己的某些习惯。就像与有毒之人划清界限一样，我们也要给自己画一条线，避免一些坏习惯影响我们的快乐状态。

让我们来看看一些常见的毒性习惯。

大喊大叫

作为母亲，我们可能会经常发脾气。在狂怒的表面之下，其实是我们的恐惧、焦虑和沮丧。有时，我们会突然有这种情绪，连我们自己都被吓着了。这种情绪平复后，我们的内心便充满了深深的、痛心的愧疚。这种暴发性的狂怒以及之后的大叫，当然会对我们与孩子之间的关系以及自己的健康有一种毒性影响。

匹兹堡大学的一项研究表明对孩子大喊大叫会造成类似体罚的影响。这是一条值得我们警醒的消息。此项研究表明对孩子大喊大叫会强化孩子的恶性行为，增加孩子的抑郁性。此外，这些应激激素对妈妈们也不利。

改正措施：

有一些方式可以帮助我们改掉大喊大叫的习惯。通过学习孩子们不同年龄阶段的身心发展情况，你就会明白何时期望应该高点，何时期望应该低点。了解他们在某一阶段的能力，可以帮助你减轻压力，明白如何教育他们。除此之外，学会控制自己的情绪，减轻自己的压力，把自己照顾好也能够使你更加镇定、快乐。

抱怨

如果你的身边有一位满腹牢骚的人，你就会明白抱怨这种行为有多么影响自己的心情。抱怨会使大脑重新规划路径，使你消极地看待世界，因为神经元都是捆绑在一起的，所以大脑最终会一遍又一遍地重复相似的路径。此循环不仅会毒害你自己的大脑，也会毒害你家人的大脑。抱怨就像二手烟，会对每一位能接触到它的人产生不良影响。当然，抱怨的另一个缺点就是孩子们会效仿你的行为。突然之间，你的家中会有一个满腹牢骚的孩子，这对任何人来说都会感觉很崩溃。

改正措施：

花费一整天的时间，观察一下自己抱怨的次数，你可能会感到吃惊，我们自己可能都没有意识到我们每天的抱怨这么多。不过当我们有意识地去注意时，就能改正这种习惯。如果你发现自己经常会抱怨某件事，那么就努力去改变它。寻求解决方案要比简单地宣泄不满更有效。

改变自己的表述方式也有助于改掉抱怨的习惯。采用积极的方式表达自己想要的而不是消极地表述自己不想要的。例如"这里就没有人知道捡垃圾"，就不如下面的表述更能促使他人采取行动："嘿，我希望你们能把垃圾捡起来扔到垃圾箱里，之后把自己的房间收拾一下。谢谢你们的配合哦！"这样你不仅仅会更有成就感，也会更开心。

最后，我想说的是，抱怨和感恩不可能同时存在，因此无论何时，当你想要抱怨时，先冷静一下，想一想可以感恩的地方。正如丽塔·思齐亚诺所说："抱怨我们所遇到的问题并不是我们的嗜好，停止抱怨，多讨论一下自己的喜悦吧！"

抱怨和感恩不可能同时存在。

手机占据了我们太多时间

我曾经看过金·朱利亚纳的一句话。她说："如果你没有关注手机，它不会难过。如果你一段时间没有陪它玩，也没有关系。如果你不总带着它，也没事。你的手机永远都是那样，但是你的孩子不是。"感觉受到了重重一击，不是吗？

关于使用手机和社交媒体，我一直试图控制使用时间，但是就像许多人一样，有时我的使用时间也会很长。我的工作可能需要我在手机上花费比预想更多的时间。坦白说，有时当我漫无目的地浏览网页时，会头昏脑涨。我并不是想要增加你们的愧疚感；我们都曾做过很多那样的事情！并不是说使用手机的妈妈就是可耻的妈妈，只是我们要减少使用时间。

在社交媒体上和朋友沟通，偶尔玩一下游戏，阅读一些有教育意义且鼓舞人心的文章可以增加我们的快乐。我会及时关注一些能够使我开心的朋友或者网站的更新和动态。我已经阅读了很多，而且其中也确实有帮助我成为一名好妻子、好母亲的文章。然而，我们不得不承认，手机容易使人迷失，所以我们必须为孩子树立一个合理地使用手机的好榜样，同时也确保不错过生命中最美丽的时光。

频繁使用手机会出现两个问题。第一，我们不可能同时横跨两个世界。你要么投身于线上，要么致力于线下；要么关注朋友和同事的动态，要么看着身边的人。第二，社交媒体上的一些新闻和网页上的内容真的会拖我们的后腿。网上处处都是辩论，处处都是消极文章和负面新闻。这些真的会对心灵造成不良影响。

改正措施：

你在新闻中看到过很多恶俗剧情吗？有没有朋友或家人的帖子让你感到不舒服？你每天都淹没在那些无病呻吟、满腹牢骚的文章中吗？还是淹没在那些和你想要追求的生活不一致的文章中？腾出一段时间，清理一下脸书和其他社交账户。在脸书上，你能够自己设置，并点击一下感兴趣的，这样就可以自己控制所看到的内容。注意，不要关注负面情绪爆棚的张三、满腹牢骚的李四，或者议政的王五以及任何一个传递负能量的人。你不用和他们断交（虽然你能这样做），但是绝对不能关注他们，反正他们也不会知道。此外，清理一下你所关注的网页。如果内容不能鼓舞人心或者没有任何价值，那么清除。只浏览能够使你心灵宁静、愉悦的新闻。

当你清理完账户之后，安排使用手机的时间，规定什么时候不能使用。当你和家人一起吃晚餐的时候，把它放一边。当你和家人一起看电影、打游戏或者讲故事的时候，不要玩手机。我在想，如果现在不能为了孩子而放下手机，那么等我老了的时候，他们应该也无法为了我而放下手机吧！我们总是要充满期望的，不是吗？

牺牲睡眠时间

我对自己说这句话和对你们说的一样多。我这一点做得很糟糕。我很享受孩子们睡觉之后的那段宁静时间。问题是他们现在越来越大了，睡觉越来越晚了。通常我都是在他们睡觉之后才洗澡，洗完之后，已经差不多夜里11:00了；再工作半个小时，最后看一会儿电子书或者和丈夫一起在网飞（一个视频网站）上看一些节目。在我做完这些事情之后，经常已经是夜里1:00或者2:00了。所以，我每天就只能睡5个小时。

很多妈妈都承认她们在独处的时候不愿意睡觉。关于这个话题，我已经在脸书上的育儿页面上分享过几篇帖子，这些都是点击量非常高的帖子，因为它们引起了很多妈妈的共鸣。当没有人戳我们、没有人跳到我们身上、没有人坐在我们的腿上、没有人拉拽我们的身体、没有人朝我们大喊大叫、没有人和我们谈话的时候，我们需要这样的安静时刻来使心静下来。在我看来，我宁愿牺牲几个小时的睡眠时间，也不愿放弃神圣的独处时间。

不幸的是，我的身体和思想并不一致，你们应该也是如此。睡眠对我们的身体健康和幸福至关重要。研究表明那些每天睡眠时间少于6个小时（请注意，是6个小时）的人过早死去的概率要比正常人高12%。睡眠对我们的免疫系统、记忆系统、细胞修复和稳定的血糖水平都至关重要。每天晚上的睡眠时间少于7或8个小时会导致糖尿病、心脏病和肥胖症。多么糟糕的消息啊!

改正措施:

这是我的计划,或许你也可以这么做。我计划一周三天熬夜,做自己想做的事,另外四天早点上床睡觉。虽然这并不如一周七天保持最佳睡眠时间那样好,但是比较符合实际的一种做法。改掉不良习惯,有时只需要采取一小步。对我来说,这是很小的一步,但是你也可以选择每天都早点入睡。不管怎么样,良好的睡眠有助于我们的健康,能够使我们更快乐。

和他人比较

我看到她从一辆豪华干净的运动型多功能车上下来。当她和自己的女儿昂首阔步地走入校园时,那染过的金黄色头发(但是不管怎么说,不卷也没有受损)随风起舞。她在早上7:45就已经完成了全套化妆,她的女儿看起来好像也打扮了一下,母女俩很搭,看起来非常养眼、闪亮。我看着自己的孩子走向校门口,他的头发贴在后脑勺上,拖着沉重的书包就像是拖着链球一样。再看看自己,随便在镜子里一瞥就能看到黑眼圈,而且我一直都没有使用遮瑕膏;下巴上有一个很大的痘痘。至于邋遢的衣服更不用说了。很明显,她是赢家,而我是失败者。

我知道与别人比较会使自己变得不快乐等诸如此类的话,但就是不能不这么做,不是吗?当其他一年级学生远在我家孩子之前就开始阅读时，我会比较；当我和丈夫做同样的锻炼，他减了30英磅（1英磅约合0.45千克），而我只减了1英磅时，我会比较；当我的作家朋友的作品进入了《纽约时报》畅销书名单时，我会比较。你明白了吗？事实上，我们总是倾向于把自己最差的一面和别人最好的一面做比较，这样的比较本身就是非常不公平的。这种有毒的习惯会摧毁你的自信心，严重影响你的快乐指数，因此我们最好把它扼杀在摇篮中。

我们总是倾向于把自己最差的一面和别人最好的一面做比较。

改正措施：

心理学家亚当·加林斯基和马利斯·施韦泽说过，攀比是人们与生俱来的一种倾向。这是一种决定我们快乐指数的方法。和别人比较的我们没有错，也没有不好，但是这种行为却能发展成一种摧毁性习惯，尤其是当我们花了很多时间与别人比较而且有了负面情绪的时候。下次当你和生活中的其他人做比较时，提醒自己要客观地看待问题。她是否付出了很多才取得了现在的成就，她是否承受了很多你没有想到的痛苦、磨难和艰辛？大多数人的答案都是肯定的。之后，真诚地祝福她，并轻轻地对自己的生活说一句谢谢。

策略:设定界限

　　无论你应对的是一个有毒的人,还是一种消极习惯,设定界限是解决问题并找到更多快乐的关键。我已经详尽地说过如何与有毒之人划清界限,每个"改正措施"模块都告诉了你如何为自己设定界限。此外,我们还要与那些会使你养成有毒习惯,如过分饮酒或者八卦过度的人划清界限。

　　为他人设定界限有可能让你不舒服,甚至会让你极度恐惧。你也许会害怕别人再也不会喜欢你了,害怕别人认为你非常刻薄,害怕自己让别人失望。为自己设定界限有可能也很难,因为只有你自己知道成功与否!然而,设定界限有助于我们摆脱有毒的人和习惯,从而获得更多快乐。

快乐习惯

　　据说,我们的状态是经常交往的五个朋友的平均值。在这五个朋友中,有有毒之人吗?想一下最让你开心的朋友。你和她多长时间出去玩一次?如果你没有一个让你开心的朋友,那么,姐妹们,该交新朋友了。如果你的周围都是开心的朋友,你会发现自己也很开心。

· 反思回顾 ·

1 列举一个需要改掉的坏习惯。你能够设定什么样的界限？

2 改掉一个有毒的习惯，列举你能获得的三方面的收益。

3 列举五个你经常花时间在一起的人。他们快乐吗？乐观吗？

4 设定界限让你感到最害怕的事情是什么？

5 你如何能够吸引更多快乐之人呢？你能够在哪儿找到他们呢？

Part 8

思维方式很重要

永远记住，你的生活重心决定你的生活现状。

—— 奎冈·金

场景一：

早晨的阳光透过卧室的百叶窗，洒在地面上，形成一道黑一道白的图案。我刚刚醒来不久，就听到了一个熟悉的声音；在等待他出现的过程中，我看到一束束阳光在毯子上跳动。他蹦跶着跑过来，跳到了我的床上。"早安，妈妈！"他兴高采烈地说着，还加了一句让人心动的"我爱你！"他躺在我的身边，一只胳膊搂着我的腰。我像往常一样把自己的胳膊放在他的头下，用两只胳膊抱着他。我们把这种拥抱称为"蜷缩的兔子之抱"。在那一时刻，我的内心洋溢着感恩，感谢儿子和他的爱，感谢洒满阳光的早上，感谢有机会能够和家人再一次共度一天。那是一种纯粹的快乐。

场景二：

我又一次在大早上被儿子早起的声音吵醒。明媚的阳光照到我脸上，我眨了几下眼睛。现在怎么可能已经是早上了呢？我怒视着洒在地面上的一束束阳光，心里想着一定要挂遮光窗帘。如果能在儿子的房间挂上这样的窗帘，也许他也能多睡会儿。但是现在，他已经醒了。他跑到我的房间，跳到我的床上，扰乱了我舒服的姿势。"早上好，妈妈，"他的声音真吵，我愤怒地看了他一下。他似乎没有注意到。"我爱你！"他说，然后蜷缩在我身边。"如果你爱我，就不应该打扰我睡觉。"我想。我用胳膊搂着他，无奈地叹了一声气。又是缺觉的一天，又是无精打采的一天。我感到如此沮丧。

哪一个场景是真实的呢？两个场景中的事件是相同的，不同之处在于我的思维方式。场景一中呈现的是积极的思维方式，然而场景二中呈现的却是消极的思维方式。当儿子跳到我的床上后，我可以选择感恩，也可以选择沮丧。我有能力选择任何一个版本。在那个特殊的早晨，我选择了感恩，但是也有一些日子，我选择了沮丧。我们可以选择自己对待生活的方式，可以让生活掌控我们，也可以有意识地去掌控生活；可以让境况决定我们的心情和快乐指数，也可以无论境况如何，都选择积极的态度，从中获取快乐，或者至少不让自己陷在绝望中。

主动选择快乐

由于职业原因，我每天都会接触很多关于教育孩子以及做母亲的经历的文章；每一天，我都会看到很多大标题，写着母亲的境遇有多糟。所有的妈妈们都在呐喊。她们想要别人认可自己的价值，想要别人倾听自己的心声，想要别人关怀爱护自己。她们不想那么孤独，因此聚集在网上，安慰彼此。我理解妈妈们想要确定自己不是一个人在战斗的感觉。听到其他有同样感受的人说"是的！对我来说也很难"，妈妈们就会觉得自己的境况也还没有那么差。当我们感到日子艰难时，不应该保持沉默；我很开心我们能够一起诉说自己的问题，发泄自己的烦恼，但是我担心的是这很快就会成为一个消极陷阱。

承认自己有过一段黑暗时期和决定沉浸在那段黑暗时期中是不同的。说"是的，很难，但是我依然过来了"与重复地诉说"唉，太难了，我做不到"是完全不一样的。此外，对于社交媒体是寻求帮助的最佳地方，我持质疑态度。当我和信任的人面对面交谈时，可以感到对方在倾听。我可以向她诉说自己的问题，也许她也会诉说自己的问题，这样对话就会自然地接下去。我们不会沉浸在那种沮丧中。然而，在网上，评论一波接着一波，数十个甚至数百个母亲参与进来表示有同感；在那种环境下，转瞬即逝的沮丧会被放大。这毫无疑问会影响我们的思维方式。

这个问题写起来并不是那么容易，因为有许多灰色地带。由于很多原因，我们所有人的心理都有些问题，但我还无法解释为什么。我所能证实的就是，盯着自己的困难而不去寻找解决的办法会使人情绪低落而不会减压。研究表明，抱怨会导致更多的抱怨，人很容易陷入一种消极的怪圈，开始怀念以前的快乐。我很了解——我曾经有过这种状态。

思维方式很重要。针对喂养的困难，和其他妈妈们沟通可能会暂时感觉很好，但是我们必须扪心自问，它对我们思维方式产生了什么影响？发泄对我们有益吗？还是让我们更加消极了呢？我很好奇如果我们花费大量的时间培养自己的积极情绪，并且像我们沉浸于挫折中时一样，一直沉浸在快乐的感觉中，会增加多少快乐啊！妈妈们，我们必须学会控制自己的思想。我相信，它就是这样，既简单又困难。我们必须有意识地去选择抛弃哪些想法，拥有哪些想法。对我来说，这意味着滑过去"这太难了"的帖子，将思想集中在做母亲的快乐之中。

这种方法并不是盲目乐观。我并不是建议大家不去理会"做母亲是辛劳繁重的"这个事实。我完全认同教育孩子会使我们筋疲力尽、每天担心恐惧、夜晚经常无眠、感情受伤、操碎了心、没有时间收拾屋子、经常焦虑不安等。但它同时也会为我们带来很多喜悦和快乐，孩子们会经常拥抱我们，会把自己的小手放在我们的手里，会用他们的胳膊搂着我们的脖子，在我们旁边睡觉时，会发出甜美且有韵律的呼吸声，会在早上醒来的时候对你说"早安，妈妈"，会给你一些爱心小纸条，会为你画一些火柴人，亲你的时候会留下口水。看到他们的时候，你会感觉很治愈，会收获很多爱，很多很多的爱。我的快乐（以及你的快乐）很大程度上都和我们的生活重心有关。极好的状态并不一定要很容易或者很完美。

我们可以选择如何理解自己做母亲的这个过程。不要再沉浸在苦难中了，让我们多关注一下快乐吧！以下三条建议可以帮助我们获得更多的快乐。

1. 重视自己的价值。作为小孩子们的妈妈，我的很多沮丧都是因为感觉自己没有被重视。因为培养我们的孩子长大成人需要花费很长的时间和无数的精力，所以，即使每天忙忙碌碌，却依然感觉不到太多成就感。我们把一切都奉献给了孩子，但有时，他们却只会耍脾气。我明白做母亲好像是一份出力不讨好的差事，但是你也要明白，自己所做的是世界上最重要的工作。

2. 控制自己的思想和嘴巴。每天，你所读或者所看之物会鼓舞你还是会使你沮丧呢？再次强调一下，你是可以主动地去选择的。选择你想要的态度以及你想成为的妈妈类型。那些阻止你朝着此方向前进的东西都应该被抛弃。同样，你要注意自己的语言，谨慎地选择说心里话的那个人。我并不是要让大家抑制自己的沮丧情绪，相反，我鼓励大家把这些负面情绪发泄出来，然后继续前进。但是附和网上那些妈妈们的评论真的有用吗？还是和自己的伴侣、朋友、妈妈，或者心理健康咨询顾问沟通更好一些呢？做出一些可以帮助自己进步的选择吧。

3. 停止抱怨，开始解决问题。如果你发现自己总是和伴侣或者朋友讨论做母亲有多难，那么现在开始寻找解决办法吧，这样你就不会一直处于负面情绪中。如果你正在饱受睡眠不足的折磨，那么用头脑风暴的方法想更多能够多睡觉的方法吧！如果你感觉自己每天的任务特别多，那么向伴侣寻求帮助来减轻自己的压力吧！不要一直陷在消极情绪中。亲爱的妈妈们，生活中有无数的美等待你去发掘。

策略：发展成长型思维模式

最近几年，成长型思维模式成了一个流行词。它经常出现在教育领域，是卡罗尔·德韦克博士的最终研究成果。为了描述人们对于学习的一种本质上的不同，德韦克博士发明了两个新词：固定型思维模式和成长型思维模式。她发现那些相信自己会越来越聪明并且坚信努力会使人更强大的学生会花费更多的时间和精力去学习，因而成就也就更大。另一方面，有固定型思维的学生感到自己到了瓶颈处。他们认为人要么擅长做某事，要么就不会。有固定型思维的人相信他们的能力和特质是固定不变的；然而具有成长型思维的人认为这些都是可以不断发展、不断改进的。

为什么成长型思维对妈妈们这么重要呢？当然，除了学生，没有任何人会比母亲成长得更多，尤其是在孩子还小的时候。只有具备成长型思维，我们才会相信自己的学习能力，才能不断改进自己的教育方法。相信自己以及自己的能力，会影响我们在此过程中的快乐和自信指数。当我们拥有成长型思维时，偶尔的失误就不会让我们感到绝望。相反，我们可以从这些失误中找到需要提高的地方。此外，相信自己有能力改变，才能着手去改善。

但是，许多妈妈容易走极端，她们认为自己要么擅长做母亲，要么不适合。她们认为这种能力要么是与生俱来的，要么完全没有。这就是在教养孩子中的一种固定型思维模式，它会阻碍妈妈们成长，使她们无法开发自己的潜力。如果我们困在这种思维模式里，我们就不能够在需要自己做改变的时候积极改变，从而使自己陷入一种不健康而且有害的模式中。以下方法有助于我们形成成长型思维：

清楚自己的优点和缺点

采用积极的态度与自己对话

把错误看成是学习的机会

不要陷入悔恨和愧疚中

成长型思维是一种积极的思维方式。成长型思维是这样的：即使今天很苦，也依然对明天充满希望。你可能会绝望、愤怒、沮丧、悲伤，但是不会陷进去。作为一名妈妈，你一定要相信自己，相信自己有能力克服困难、迎接挑战、不断尝试并最终成功。这是给自己也是给孩子的一份异常珍贵的礼物。

自己对自己的看法极大地影响着自己的生活方式。

——卡罗尔·德韦克

快乐习惯

提高自己的抗压能力。不断练习，使自己能够快速从失误和挫折中走出来，能够控制自己的心情和思维方式。以下五步有助于我们提高自己的抗压能力。以你当前正在面临的最具有挑战性的事情为例，按以下步骤来处理一下试试。

步骤1，练习乐观的思维方式。写下一些你能想到的积极想法。

步骤2，重塑问题。看看自己能否以一种积极的方式重塑此问题而不是消极地看待。例如：我们口中的"可怕的2岁"被丹麦人称为"分界线"。你明白语言如何影响你的情绪反应以及因此可能采取的措施了吧，所以重塑你当前需要解决的问题。

步骤3，发展成长型思维模式，增强自信心。自信在抗压的过程中扮演着非常重要的角色。写下两件你在教育方面做得非常出色的事情。

步骤4，培养解决问题的能力。当遇到问题之后，想办法去解决而不是怨天尤人。回想一个你当前正在处理的问题，简略写两个解决方案。

步骤5，学会关爱自我。写下一种今天可以使用的护理方式。

反思回顾

1 你感觉自己的思维模式属于固定型还是成长型?

2 写下三件使你心情低落的事情。

3 写下三件能够改善自己心情的事情。

4 说出一个你能够打电话或者当面倾诉烦恼的人。

5 列举三种能够避免自己陷入绝望情绪的方式。

自己对自己的看法极大地影响着自己的生活方式。

——卡罗尔·德韦克

Part / 9

抛弃愧疚的心态

做母亲是惹人心烦的，不是吗

做母亲不仅会耗尽你的精力，也会榨干你的思想和灵魂。它使你思绪混乱、失去判断力、梦想破碎、终日忐忑不安。它将你的自尊心举起来，像举起一件东西一样，扔到空中，之后又用手接住，把它重重地摔在地上。它迫使你面对自己最糟糕的一面，有时你会在孩子们冒着怒火的小眼睛里看到自己的固执和愤怒。

"做母亲不仅仅是养育孩子。如果你愿意敞开心扉，愿意倾听，那么做母亲还可以使你自己的潜力发挥到最大。"

母亲很伟大，做母亲是一项伟大的使命，美妙迷人、其乐无穷。但同时，它也是沉重的。每一天的坚持都需要很大的勇气。

每一天都会有无数的不确定，每一天都需要很大的勇气。有时，你不得不费力从床上爬下来，拖着沉重的脚步，挺直背部，努力挤出一个微笑，放下昨天已经感知到的失败。尽管这很难，但是你做到了，长此以往，日复一日。

你发自内心地想要成为一名好母亲。你太爱他们了，以至于一旦稍微有点疏忽，唠叨了他们，保证不发火后又忍不住冲他们发火了，或者感觉让他们失望了，内心就会充满愧疚和悔恨，开始深深地责备自己。

你又一次地躲在卫生间里偷偷哭泣，心里丝毫没有原谅自己的意思。晚上，把孩子哄睡以后，自己的头刚碰到枕头，这种愧疚就再一次猛烈地涌上来，使得自己整夜无法入睡。

当你接到学校的电话说孩子闯祸了，或者逮到还没有上幼儿园的孩子说谎，或者得知刚刚学会走路的宝宝咬了其他小朋友，你开始怀疑自己有错、有缺陷，开始怀疑孩子们能否变好。当处于青春期的孩子"啪"的一声把你关在了门外，当家庭作业升级成了一次全面战争，你一边检查作业，一边默默流泪，感觉自己就是失败者。

但是妈妈们，你们需要明白，其他妈妈们也曾在卫生间里哭过，她们也曾有过无数次的愧疚，也曾无数次地担心自己是不是完全做错了，所以当你们在挣扎、不知所措的时候，不要觉得其他人每天都做得很好。我们都在努力寻找出路。

"所有妈妈都在努力使自己做得更好，没有人是完美的，一个也没有。"

愧疚是许多妈妈经常有的情绪，它就像一个不受欢迎的客人，无时无刻不跟着你，在你的心里建了一座房子，重重地压着你。妈妈们每天要应付无数件事情，经常不确定自己是否已经给予他人足够多的爱。即使自己已经付出了所有，依然觉得不够。晚上精疲力尽地躺在床上，开始做自我反思：我爱得够深吗？陪伴每个孩子的时间够长吗？倾听伴侣的心声了吗？让朋友失望了吗？无数的问题在我们的脑中转圈，不受控制，扰得我们心神不宁，非常不开心。做过的事后悔做了，没有做的事又后悔没做。我们默默告诉自己明天一定要做到最好。然后明天又重复着同样的事情，即使做得再好，也依然感觉不够好。

在社交媒体上，我采访了125位母亲，样本比较小，其中82%的母亲承认自己一直都在与愧疚心理做斗争。虽然这项研究并没有同行评论，但是调查结果足以证明几乎没有母亲可以完全摆脱愧疚的困扰。职场妈妈、全职妈妈、单身妈妈、已婚妈妈——所有人都会时不时地受到它的影响。所以，妈妈们，你们明白了吗？如果你们不在乎，它也就不会干扰你们。事实上，妈妈们会有愧疚心理，这有力地说明了她们对孩子的爱以及想要好好照顾他们的渴望。尽管如此，愧疚也有毒，会对人造成极大的伤害，所以，我们需要讨论一下你们正经历着的愧疚感：

因为大骂了孩子，所以感到愧疚；

因为他们不能早点上床睡觉，所以感到愧疚；

因为生了二胎，所以感到愧疚；

因为不要二胎，所以感到愧疚；

因为没有用母乳喂养或者母乳喂养时间不够长或者母乳喂养时间太长（有些人确实是这样），所以感到愧疚；

因为喂了孩子通心粉和奶酪或者孩子吃饭挑剔，所以感到愧疚；

因为要让孩子养成自己睡觉的习惯，所以感到愧疚；

因为要和孩子一起睡觉，所以感到愧疚；

因为自己对孩子生气了，所以感到愧疚。

人们甚至会因为自己经常有这种愧疚心理而没有成为一名快乐的妈妈而感到愧疚！感到愧疚的原因可能有无数个，但是摆脱愧疚只需要一个理由：

它对你毫无帮助。

有一点需要澄清，并不是所有的愧疚感都不好。愧疚感有很多种，严重程度和对人的伤害程度不尽相同。有时，它可能很具体、合理，可能在暗示你需要做出一些改变。例如，你对孩子大喊大骂或者对伴侣说了一些伤人的话之后会感到愧疚，这时候的愧疚心理就会提醒你做得过分了，需要改变，而且会帮助你变得更好！

但是，在其他情况下，愧疚感就比较笼统、不合理。例如，当你得知别人家的孩子已经能够独立睡觉，而自己的孩子却还需要大人哄着才能入睡时，就会感到愧疚。虽然你的行为并没有错，你也喜欢和孩子一起睡，但是因为你和别人比较，就开始质疑自己的行为，开始羞愧。

换句话说，愧疚可能是做出积极改变的催化剂，也可能会使你贬低自己的价值，无法完善自己。事实上，愧疚是人类很重要的一个导向，它使得我们的人格更加丰满，让我们更加清楚地认识到自己的价值。然而，如果你长期处于愧疚的状态，无法判断它是否合理，也没有相应的处理方法，就非常危险。

当然，偶尔愧疚有助于我们控制自己的行为，但是大多数人都处于一种过度愧疚的状态。研究表明，当人处于愧疚时，专注力、创造力和工作效率都会直线下降。数年以来，我一直在研究儿童的成长发展，我发现，如果孩子情绪不佳，那么就无法达到自己的最佳状态。然而，我经常忘记，对于我自己来说，也是这样。不受控制的愧疚会使我们情绪低落，甚至引发焦虑、抑郁等一系列问题。愧疚感给我们带来的重压常常蒙蔽大脑，使我们无法清晰思考。这样，脑中的消极区域就会异常活跃。消极的自我暗示会吸走我们的快乐，使我们变得焦虑不安，妨碍我们享受生活。

大多数人都处于一种过度愧疚的状态。

人都会做出一些自己所倾向的选择。我曾经因为一个10秒钟的小错误谴责了自己数月，却没有因为一个小成就表扬自己数月。我对自己要求非常严格，相信很多妈妈也是这样。你在成为一个搞砸事情的人之前，一定听到不少"你把事情搞砸了"这类的话吧！现在，随处都可以听到这些话，不是吗？

有一天，我看到几篇文章，大标题都在暗示，如果你对孩子太好，那么你的教育方法就有问题。一个标题说，"你是否在宠溺自己的孩子呢？"这篇文章继续指出，如果现在对孩子太好，他往后余生要面临诸多问题。之后，我开始想，我真的是在溺爱孩子吗？如何准确判断一个人是在溺爱孩子呢？我为11岁的孩子打包午餐，他就完了吗？当他忘记带尤克里里的时候，我帮他送到学校，就毁了他了吗？当你心里充满愧疚感的时候，这些愚蠢的问题似乎也很合理。

又有一个大标题引起了我的注意。这个标题暗示着妈妈在孩子童年说的一句话有可能毁掉孩子的一生或者给孩子留下终身的伤疤。我开始回想，自己是否曾经说过一些可能给孩子造成终身伤害的话。这种想法压得我几乎喘不过气。我所想的给孩子造成终身伤害的话和作者所说的不一样。我想的是，自己是否无意中说过一些话，被孩子误解了。我的建设性批评有没有刺痛他的灵魂？毁掉一个孩子这么容易吗？这些想法太恐怖。

那天下午，我意识到自己本应该去参加儿子三年级的颁奖典礼的。虽然，他前一天告诉我父母没有必要参加，但是，其他妈妈们都参加了。我因为错过这场典礼而感到懊悔。晚上，我无法像往常一样和丈夫在客厅谈心，无法陪孩子一起玩，因为我要在截止日期之前完成工作。那时，我心里满是悔恨、愧疚，感觉自己把所有的事情都搞砸了。我意识到自己一直承受着很大的心理压力，无法释怀，很少放过自己。在这方面，我一直都在努力改进。我想你也是这样吧！

　　因此，我现在可以说你并没有把事情搞砸了吧！无论相同的错误犯了多少次，你依然可以重新开始，没有什么是不可能的。你还记得自己轻吻孩子的伤口，彻夜照顾生病的宝宝，疲惫不堪，却依然要哄孩子睡觉的时候吧！你还记得自己每次都是先喂孩子，确保他们吃饱饭了，自己才吃饭；每次都是放弃自己喜欢的东西而把钱省下来给孩子买东西；自己在学校的长廊里长时间逗留，确保孩子适应之后才会离开。勇敢地反驳刺耳的话，捍卫自己的利益以此来影响和鼓舞孩子吧！你当然不会忘记孩子们在你面前又是诉说恐惧又是畅谈梦想，你不断地安抚他们受伤的心灵，鼓舞他们勇往直前的时刻吧！

　　如果有无数个理由让你觉得愧疚，那么同时也会有无数个理由让你觉得自己很伟大。我不相信小孩子会抓着你的错误，尤其是小错误不放。他们心中最爱的人就是你，他们只希望你每天开开心心。对他们来说，你不是一个搞砸事情的人，而是整个世界。事实上，对大孩子来说，即使有错误，只要诚心地道歉、真诚地相处，他们也会很容易地谅解。

　　妈妈们，不要再感到愧疚了。如果做错事了，那就道歉；如果有必要的话，那就改变自己的行为。不要再陷在愧疚中了。愧疚就像来访的老师，只是停下来给我们上一课，而我们却过于热情，又是请人家喝茶，又是留人家住宿。听我的吧，抛弃愧疚就像洗掉身上的尘土一样,带着爱去生活吧! 不要再紧紧抓着它不放了,因为生活中还有很多更好的事情需要我们牢牢把握。

摆脱愧疚感

摆脱愧疚感非常简单。我们只需要做两件以前可能做得不太好的事情——爱自己和原谅自己。

摆脱愧疚感的第一步就是先分析一下愧疚是否合理。一定要记住愧疚只是一个拜访者,而不是常驻者。我们可以通过以下几个问题来分析愧疚感:它是你对自己的评判还是别人对你的评判? 合理吗? 你有必要道歉或者改变自己的行为吗?

如果你的回答是肯定的,那么这种愧疚感就是合理的,我们需要采取相应的行动,把愧疚感作为改变自己的动力。以下步骤有助于我们摆脱合理的愧疚感。

1. 如果必要,向你伤害的每个人道歉。愧疚是同情心的有力证明,心有愧疚,说明你很善良,关爱他人;心有愧疚,说明你想做正确的事情。道歉一方面可以展现你对所误解的人的尊重,另一方面也证明你想要改变的决心。真诚的道歉,一方面可以帮助他人释放怒气,另一方面也可以帮助你摆脱愧疚感。

2. 思考自己为什么会有伤害别人的行为,为什么会有与自己的价值观不一致的行为。是因为他人越界了吗? 如果是,那么你需要调整自己的界限吗？你的需要没有得到满足吗？当清楚自己的行为产生的根本原因时，你就会明白如何去改正，也就懂得如何原谅自己，如何复原。你只有改变自己的行为，才能防止未来再一次伤害自己伤害过的人，防止破坏你们之间的关系。

3. 制订计划，采取行动，做出积极的改变。我们应该专注于实现自己想要的行为，而不是克制自己不想要的行为。例如，我们可以制定一个目标，像是"感到愤怒时做一个深呼吸"，而不是"不要再大喊了"。朝着积极的目标努力要比同消极的行为做斗争更有成就感。

另一方面，如果你的回答是否定的，说明愧疚感是不合理的，是别人对你的评价，那么这就不是你应该承担的压力，放下吧！认知学认为，思考会产生情感，所以，如果你改变自己的想法，那么你的情感也会改变。通过有意识地积极思考，自我爱惜，你就能够摆脱愧疚感，就会有积极情绪。因此，不要再有负面想法，如"我应该重回职场，为家庭做更多贡献"或者"我应该放弃工作，和宝宝待在家里"，应该多一些积极的想法，如"我今天已经努力做到最好了，我们所有人都做得挺好的"。

不要再对自己那么苛刻了，给予自己与孩子同等程度的爱、温柔和宽容吧，因为孩子有多需要它，你就有多需要它。

"我还要告诉你一个小秘密，你给予自己的温柔越多，那么给予他人的温柔就越多。"

多想想自己的善良、成功和勇敢吧! 夜里躺下的时候,不要再在脑海中回想自己所犯的错误了。回想一下自己给予了他人多少爱。对自己宽容一点吧! 也许这是你做的最勇敢的事。

策略:自我接纳、自我原谅和责任

能够原谅自己对精神健康至关重要。然而,和其他所有事物一样,一不留神就会过度,原谅也可能会过度。如果只是自我原谅,而对自己的行为不负责,那么我们就无法积极改变自己的行为。然而,如果我们只是承担责任、不断道歉、改正自己的行为,但是不自我原谅,那么我们的愧疚就会恶化成为羞耻。因此,我们要平衡自我原谅和责任(必要的时候,如愧疚合理时,要学会承担)之间的关系。

如果愧疚让我们看到了自己以及自身行为坏的一面,那么原谅就让我们看到了自己好的一面以及去改变的能力。原谅本身并不能促使行为发生改变,愧疚也不能。只有看到了自己的错误以及能够改变的能力,人才能做出积极改变。除得到别人的原谅之外,自我原谅是放下愧疚感的重要一步,也能帮助你做出积极改变。

不过,如果愧疚不合理,那么就无所谓原谅不原谅了,因为你没有做任何错事。在这种情况下，你需要做的是自我接纳。许多妈妈都看不到自己的优点和成就，相反，她们看到的都是缺点和失败。评判我们最多的人就是我们自己，也就是说，我们对自己的评价是最重要的。如果想成为一名快乐的妈妈，那么首先要学会自我接纳。我认为影响我们自我接纳最主要的原因就是，我们认为必须赞同自己已有的价值观。好像接受与自己价值观不同的事情就是承认自己的错误行为是对的。不是这样的。尽管自己有错误、有缺点、不完美，但是我们依然要接受自己，依然值得被爱，这是对自己的一种认可。亲爱的，给自己一些爱吧！

快乐习惯

在这次强化练习中，我想要大家写下自己所有需要原谅的事情。写完之后，大声地读出来，读的时候这样开头："我要原谅自己……"每天都返回来重复此项练习，直到感觉自己不再愧疚。

1 青年时期的你会如何看待现在的你呢？

2 补全句子，"我爱自己是因为……"

3 你最好的性格特质是什么？为什么？

4 你最好的朋友会用哪三个词形容你呢？

5 孩子因为一个错误而愧疚不已，你会如何开导孩子呢？为什么你不能用同样的话来开导自己呢？

亲爱的妈妈们，多给自己一些爱吧！

Part / *10*

沉淀灵魂，克服压力

精神压力

　　有时我感觉如果自己把脑袋倒过来，轻轻地摇一摇，把里面的所有东西都倒出来，那么我脑子里的想法一定会如《勇敢者的游戏》中的群兽一般飞奔而出，威胁整个小镇。真的，这些想法如猛兽一般在我的脑中踩踏。但是，如果把我丈夫的脑袋倒过来，摇一摇，那么我想应该只会有一缕青烟飘出来，升到云层中。

　　我并不是说我的丈夫头脑空空，请不要误解！事实上，我的丈夫是一位异常聪明、非常体贴且很有爱心的伴侣，同时也是一位负责任且无私奉献的父亲，他值得我们百分百的信任。对我来说，他似乎可以在打开一扇新的窗户之前先关上之前的窗户，当然，我用的是比喻。因此，无论从他的脑袋里掉出来的是什么，都只有一个窗户的容量——跟我那乱七八糟的一堆比起来，简直是小巫见大巫。另一方面，我觉得他的脑袋和我的笔记本极其相似：可以有无数个不同的窗口同时运行。

　　Laugh Your Way, America！（一个婚姻研讨会）的首席执行官姜马克解释了男人与女人大脑的不同。在一次演讲中，他说："男人的大脑由很多小盒子组成，每个小盒子装着不同的东西…… 有一个规则，就是盒子与盒子之间是没有关联的……女人的大脑是由无数的线连成的一个球组成的，所有的东西都连在一起。"说完之后，台下的观众哈哈大笑起来。听起来非常有趣，但是也很熟悉，不是吗？

我丈夫，埃里克，开玩笑地讲述着我精神压力过大的一天。那一天，他回到家，看到炉子上放着一个冷冷的比萨，但是烤箱还是开着的。值得庆幸的是，比萨已经做好了，我只不过忘记了关烤箱。他把烤箱关了之后，便下楼问我有没有要洗的衣服。他总是会帮助我收拾一堆脏衣服拿去洗，很体贴，对吧？后来，他发现我已经把一堆衣服扔到洗衣机里，也放了洗衣液，但是没有启动。他按了开始的按钮，再一次回到楼上。当他走到我的工作间的时候，发现我正在和自己的笔记本置气："哎呀，这个东西怎么充不了电了啊。真不知道这个垃圾货哪里出毛病了。""我看一下。"他说。我怒气冲冲地跑到厨房接了一杯水，回来后，老公欢呼着："我把它修好了！"然后，他笑着看着我说："你没有插墙上的插销。"可不是呢！

坦白说，我经常出现这种状态。我经常忘记一些事情，因为要记得的事情太多了！即使像我老公那样聪明的人，也不可能记得我每天要记得的所有事情，比如确保所有账单都还上了，检查一下孩子的书包确保所有的作文、计划书、请假条等都签了字，随时了解他们的学习内容、外出活动、日常表现、篮球课时间安排、表演艺术课时间安排、游泳课时间安排等,为他们打包午餐或者订午餐,及时了解他们的成绩,检查成绩单,及时了解他们的阅读情况,等等。我要保证他们的营养均衡,及时给他们补充维生素;他们生病的时候,我要定上凌晨3:00的闹钟检查他们是否还在发烧;我还要带他们去看医生,提前和牙医、眼科医生预约(载着他们来来回回地跑),要记下疫苗接种记录。除此之外,我要为他们购买各种学习用具和活动所需要的海报板;还要去迈克尔思商店给他们购买模型树和塑料小动物。当然,我还要确保他们的衣服和鞋子都合身。

事情永远做不完,我要安排他们出去玩耍的地方(不能说是"玩耍"了,因为他们长大了,变酷了),要给他们的朋友买礼物。我要决定他们和谁一起玩,还要去了解这些玩伴的父母。我要和老师保持联系,参加各种会。我要把通风口擦干净,掸掉百叶窗上的灰尘,清洗吸尘器,不过我得承认每次都是我老公去收烘干机上的棉絮和碎屑。除非要做被子,否则我想不起来这些东西。老公很擅长使用吸尘器打扫房间,但是很明显,一些细节上的工作却只有我才能够完成。我必须经常查看日历,确保日程安排没有冲突。有时候,我会想,万一我遭遇了不幸,估计孩子不会去理发或者剪指甲,他们看起来一定像野孩子。一想到这,我就发怵。

我并不是说,我老公无法处理这么多的事情,只是他没有想到去做这些事情。我知道，只要自己开口，他肯定会很乐意地提供帮助，但是有时我觉得只有自己做了才放心。我想他肯定认为我能轻松应对，有时我也这么认为，但是完成这些事情真的使我筋疲力尽。不过这只是冰山一角，因为除了想现在必须做的事情之外，我的脑海中还不断萦绕着现在可能需要做的、过去本应该完成的或者将来也许需要做的事情。当他们刚学会走路的时候，我就开始想自己应该为他们青春期到来后的压力做准备；现在我已经开始想着如何培养他们成为好丈夫和好爸爸，虽然他们还没到青春期；我开始想着如何为他们上大学做准备，如何帮助他们适应大学生活，以及抚养孩子需要做的其他事情。

我丈夫也会做很多事情。我知道他的工作压力很大，但是他还是会经常帮助我做家务。他会整理我们的院子，维修需要修理的东西。他能够把复杂的玩具组装起来，能够帮助孩子拼乐高。这些都不是我的专长。尽管如此，我最羡慕的还是他井然有序的脑子。

此外，我认为妈妈们似乎承担更多的情感压力。我不仅仅负责孩子们的情绪，还会不自觉地受到他们情绪的影响。大家有没有听过这么一句话？"母亲的情绪总是会受到孩子的影响。"确实是这样，不是吗？如果有一个孩子情绪低落，我就开心不起来。除非家里所有人都开心，否则我就开心不起来。我明白负面情绪是孩子必须经历的，所以让他们去经历，也会尽力地帮助他们处理这些情绪。问题是，看到他们情绪低落、烦躁不安，我也会情绪低落、烦躁不安，即使我并不会让他们看到。埃里克和我恰恰相反，他通常都会淡淡地说一句："他自己能够处理好的。"他完全可以使自己的情绪不受他们的影响。我做不到。

打个比方，如果我们可以把父母要全部完成的无形的工作放到一个巨大无比的背包里，那么母亲就是辛苦地驮着这个背包的人。并不是说父亲做错了或者他不尽责，只是母亲的本能就是这样的。因此，这一章并不是要去责备或者吹捧某一方，我只是想说："妈妈们，我们都有这种感觉。"

母亲的这种精神压力当然不会使我们开心，所以我们应该如何克服呢？不要骗自己了，克服不了的，因为我们的脑袋里总是会有无数的想法，但是有一些策略能够帮助我们平衡这种精神压力，变得更加快乐。当我们在"快乐篮子"里添加更多的东西时，"精神压力篮子"里的东西就会变少，这样天平就能朝着有利于我们的一方倾斜，我们就能从杂乱无章的混乱中寻找更多的快乐。

策略：沉淀自己的灵魂

夜晚，晴朗的天空中，星星一闪一闪发着光。每一颗星星只是漆黑的天空中的一个小点，然而却拼尽全力地闪耀着。我想星星和我们人类很像，小如尘埃，却都有自己的价值。在一个凉快的傍晚,静静地坐下,抬头望着不断延展的天空和不停闪烁的星星,听着蟋蟀不停地叫着,如此美景,整个心都静下来了。

我感觉自己的心和星星们相通,它们好像认识彼此——遥远的朋友在互相打着招呼。我想着我们是如何被同一双手创造出来的,并且对自己的这种想法赞叹不已。躺在这片布满繁星的无边无际的天空下,我和儿子的手紧紧握在一起,我突然意识到,"这就是生活"。不是忙碌的日程表,不是不断查看的日期,不是提心吊胆,也不是新闻推送,这些只是填充罢了。真正的生活是美妙的、壮观的、令人敬畏的、充满乐趣的,还有最重要的一点,是充满爱的。

在这个美妙的夏夜,我们一家四口遥望着天空,希望看到流星。据说那天晚上会有流星雨。当我们收拾枕头和毯子的时候,儿子们的兴奋显而易见。我们手里拿着手电筒,穿过院子,走到了蹦床上。我们把毯子铺上去,阻隔阴冷潮湿的网布,以防背部着凉;之后抖了抖枕头,躺下看着星星。不久,一道亮光划过天空,儿子们兴奋地尖叫着:"我亲眼看到流星了!"那天晚上,我们一共看到了26颗流星;当时的场景也深深地刻在我的心里,这是我做母亲以来经历的最棒的夜晚之一。和孩子们手牵手躺下,看着流星划过天空,感觉真的很美妙。那一晚,我感觉自己的灵魂得到了沉淀。

你可以通过任何滋养灵魂的方式来沉淀自己的灵魂。每天,你花了那么多的时间和精力陪伴所爱的人，你真的很伟大。每天你都会用多种不同的方式来滋养他们的灵魂。那么你是如何滋养自己的灵魂的呢？你忘记了吗？

你是如何滋养自己的灵魂的呢？

灵魂沉淀就像生活中的甜品，只要不过度，适量饮用可以使人更加健康。不过，我真的希望甜品也是这样。我相信灵魂渴求沟通，希望看到美丽、艺术、真理，想要感受灵性、自然、敬畏，需要放松。如果能用更多的这些东西来滋养灵魂，我们自己也就会感到更满足。

快乐习惯

在下面写下你今天沉淀灵魂的方法。我建议大家另外准备一个笔记本，专门记录这些瞬间。

反思回顾

1 回想一个你内心感到完全平静的时刻。你当时在做什么？

2 什么事情能够滋养你的灵魂呢？你如何能够多做一些呢？

3 如果已经拥有了你想拥有的所有钱，那么你会做什么工作呢？

4 你小时候喜欢做什么呢？你能想办法再做一次吗？

5 注意一下能够滋养孩子灵魂的事情，记下来。

我相信灵魂渴求沟通，希望看到美丽、艺术、真理，想要感受灵性、自然、敬畏，需要放松。

Part 11

学会知足助你远离错误思想

社交媒体和完美妈妈的错误思想

总是有渠道使得完美妈妈的错误观念持续传播。说到这个话题，我首先想到的就是卡罗尔·布雷迪（电影《脱线家族》中的完美妈妈）、克莱尔·赫克斯特布尔（情景喜剧《考斯比秀》中的职场妈妈）和琼·克利弗（电影《反斗小子》中的完美妈妈）。这些妈妈们不管做什么，都既有格调又优雅。不过，社交媒体已经把这个观念推到了一个极端。我们都明白，电视中的那些女人不是真实的——她们只是在扮演一个角色，但是我们却要拿日常生活中的自己和社交媒体中推送的这些完美妈妈们的精彩回放做对比，还要和偶尔在公司或者送孩子上学时遇到的人做对比。

每一天我们都会在脸书、照片墙（Instagram，简称Ins，一种社交媒体）或者其他社交媒体上浏览一些东西，所以不可避免地就会看到这么一些妈妈们：她们的家里很整洁，灶台上一点灰尘都没有，吃的是有机全素餐，还会经常去健身房锻炼身体，她们的孩子的打扮无可挑剔，连狗也穿着背心（狗为什么还需要穿背心呢？）。有些人费尽心思，只是为了向别人展示自己"完美"的一面，还有一些人真诚地（尽管也是有选择性地）向朋友和家人分享快乐。不要被骗了。她们的孩子可能打架闹事，她们那些穿着背心的狗可能在地板上大便。在这一张张照片背后才是真实的妈妈，她们绝对不会是完美无瑕的。

回过头看看自己的帖子，我看见了我们一家人围着桌子玩纸牌的照片，看见了我们一起去佛罗里达度假的照片，看到了孩子们挽着彼此的照片，甚至还有一张狗穿着圣诞毛衣的照片！（这些看起来都好可爱，忘记我刚才开的那个关于狗穿背心的玩笑吧！）这些照片里没有我花费了数小时吼着孩子们写他们不会的作业时的照片，没有我们用一次性盘子吃汉堡的照片，没有孩子们或者我和丈夫争吵的照片。我没有分享过自己烤糊了的饼干的照片，没有分享狗在毯子上撒尿的照片，没有分享自己在杂货店遇到突然袭击时的照片。所以，你们看到的只是我生活中快乐的一面。几乎所有人都是这样，只分享自己的快乐面，掩盖自己乱七八糟的一面。

在这一章，我想要去重点阐述一下现在的妈妈们可能会相信的一些错误观念，尤其是在社交媒体上流行的那些，毕竟社交媒体已经成为了我们生活中非常重要的一部分。因为人们都倾向于在社交媒体上分享一些完美时刻，几乎不会去分享自己耍脾气、吵架或者遭遇窘况的时刻，以及丑的自拍。所以，当我们花费了很多时间去看别人的空间时，对他们的实际生活的理解是有偏差的。但是, 我们却开始相信他们的生活和推送的一样完美, 开始怀疑自己的能力, 开始有羞愧感。

完美妈妈只是一个传说, 实际情况是: 伟大的妈妈不一定是完美的!

凌乱是一种美好

许多妈妈们认为房间凌乱说明自己做家务的能力比较差, 我却认为可以把它当成对我们教育能力的一种赞许。不管怎么说, 看起来整洁的房子又有什么乐趣呢? 如果房间要一直保持整洁, 那么孩子就无法体验很多玩耍和学习的乐趣。如果房间一直很整洁, 孩子们就无法体验在桌子上学习手指画的乐趣; 无法体会自己跌跌跄跄地去倒果汁, 不料果汁却洒出来的乐趣; 无法在卫生间地上的小水坑里玩鸭子竞赛, 享受水泡溢出的乐趣; 无法感受和爸爸妈妈一起在厨房做饭, 自己把烹饪材料混在一起玩的乐趣。如果房间一直很整洁, 就不会有成堆的积木来激发孩子的创造力, 孩子就无法用蜡笔在书本上随意涂抹、标记, 也不能随意摆放玩具。所以, 整洁的房间根本没有孩子童年的成长印记, 相反, 凌乱的房间是一个适合居住、充满爱又有趣的场所, 虽然表面看起来不够整洁, 但是里面却很精彩。

其实, 我是最不能忍受房间凌乱的人。我喜欢房间井然有序, 一旦凌乱, 就会极度焦虑。然而, 当我接受了孩子们一定会把房子弄乱的这个事实后，就能够从另一个角度看待这个问题。所以，我开始抓拍儿子们弄乱后的房间。这样做让我明白，凌乱只是暂时的，但是回忆却是永久的。我明白，有一天房间会变得干净整洁，而我却希望它能够再乱一次。所以，妈妈们，不要担心孩子们把房间弄得凌乱不堪。总有一天，它会变得整洁。当然，你也可以给孩子规定一个整理房间的时间，这样，自己也会轻松一些。

过去，当孩子们想做一些可能会使房间非常凌乱的活动，询问我是否可以时，我都会直接说"不行"。"不能把乐高盒扔了""不能把鸡蛋打碎"。后来，我意识到我说的所有"不"其实都会使孩子感到沮丧。当我把凌乱看成一种美好时，我开心了很多，孩子也开心了很多。现在当孩子再问我时，我通常都会说"可以"。虽然，这意味着我要花费更多时间收拾，但是同时也为我带来了很多快乐。我不想仅仅为了房间整洁而错过一些快乐的回忆。不过，我会在睡觉之前把房间收拾干净，所以可以睡个安稳觉。

现在我们来谈谈孩子稍微大点以后的房间情况吧！记住，这不是一场危机，并不能说明你养了一个邋遢鬼，更不能说明你是无能的。我们所能做的就是，教育孩子学会整理房间，但是请不要追求完美。我们失去了很多快乐就是因为我们期待孩子完美——行为举止完美，自控能力完美，整洁度100%，礼貌度100%，快乐度100%。我们这么大了都无法做到完美，所以，不要对孩子太苛刻了！有时，我们能做的就是，关上门，走开。然后记住：如果你不忍直视他们杂乱的房间，那么就等它空了再看。

下次，当你浏览到一些人所发的整洁干净的房间时，提醒自己，凌乱的时刻会留下一些快乐的回忆。所以，接受满是玩具的地面和满是垃圾的桌子吧，学会从凌乱中寻找美好。

凌乱的时刻会留给我们一些快乐的回忆。

永远相亲相爱的兄弟姐妹

有多个孩子的妈妈们经常抓拍一些孩子们之间的友爱瞬间，晒出来，以供大家欣赏。我们经常看到一些小不点拥抱自己的大哥哥或者亲吻刚出生的小宝宝的照片；经常看到一些兄弟姐妹友好地玩耍的照片或者充满了欢声笑语的录像。妈妈们想要捕捉、分享这些完美时刻是完全可以理解的。如果我的儿子们相亲相爱，我也想要捕捉那些时刻！不过，请不要错认为别人的孩子每时每刻都是这么友爱，更不要觉得自己孩子们的相处出了大问题！

我认为一定要教育孩子学会尊重彼此。我一直在鼓励所有父母教会孩子积极地交流，以及寻找以互相尊重为前提的冲突解决方案，也一直认为家应该是所有人的安全港湾。如果我们能够教会孩子尊重彼此，并且说明哪些行为是坚决不能做的，那么家里所有人都会更加快乐，家庭氛围也会更加祥和。然而，孩子们也是普通人！有时，他们会看对方不顺眼，会感到懊恼。在哥哥或者姐姐的阴影下长大或者自己必须与兄弟姐妹争宠,那样的生活会非常艰辛!在我们已经明确告诉孩子们什么事情该做,什么事情不该做之后,要记住一点,不要期待他们一直相处和谐,没有冲突,还要记得提醒自己,只要家里不止一个孩子,就一定会有冲突。

我们倾向于拿自己的孩子们和网上照片里的孩子们做比较,比较网上照片里的孩子们的互动和我们家里孩子们的互动之间的不同。看到那些照片后,我们会很自然地憧憬自己的孩子也是那般友爱,但那只是一个错觉而已。你所看到的只不过是一个极短的片刻,而不是整个故事,也不是百分百的真实,每张照片都是如此。不要再把自己或者自己的家人和网上的那些精彩回放做比较了。我们的孩子们不可能永远都如照片里的那样相亲相爱,但是只要我们耐心引导,与他们共同成长,他们一定会相亲相爱,这种关系要比一张张照片更有价值。

你的身材很棒!

我们经常会在网上看到一些朋友,她们会频繁地发自己的健身成果、会推销自己的健身产品、会吹嘘自己已经数月没有吃含糖和咖啡因的食物了。真的很为她们高兴!我们虽然要互相鼓舞,为对方所取得的成就感到开心,但是不能因为他人的成就而忽视自己的成就或者说对自己的身材感到自卑。我有一个朋友,瑜伽做得特别棒,我非常羡慕。在她的鼓励下,我开始做瑜伽,虽然她做得很好，但是我却还只是一个新手。因此，当我看到她所做的高难度瑜伽姿势和她的强健美丽的胳膊时，我只能提醒自己：我在按照自己的节奏走，而且走得很不错！我虽然刚开始，但是只要付出一定努力，也一定能达到她的境界。

每个人都是独一无二的，而且美丽非凡。很多时候，妈妈们经常为自己的身材感到自卑，不敢出现在镜头里。妈妈们总是拍照片，却很少出现在照片里。我们会经常被告知标准美是什么样子的，一旦我们达不到标准，就会感到自卑。但是，我想告诉大家，你们很美丽，也很迷人。学会感恩，学会接受，学会爱自己，那些健身的朋友应该是用来鼓励你而不是让你感到自卑的。

赢得奖杯的孩子

与其他孩子不一样的是，我的孩子们在家里接受了三年半的教育。他们一点也不喜欢运动，似乎是全县里仅有的不能得到勋带或者奖杯的孩子。

其他人的孩子都取得了很大的成就，我很担心是不是因为自己没有强迫他们去户外活动从而阻碍了他们的发展，使得他们远远落在了同龄人之后。因此，我说服了一个儿子打了一个季度的篮球，但是他很不喜欢。上完那一季度之后，儿子再也不想打篮球了。但是我不得不承认当我收到他的参与奖杯的时候，有点开心，就好像终于能在他的书架上展示他的成就了一样。儿子参加了篮球俱乐部的事情让我很开心，但是只开心了一会儿。

让孩子学习很多东西会给他带来很大的压力。虽然我明白运动和课外活动对孩子益处很大，但我想说的是，不是所有孩子都想要一屋子的奖状。有些孩子只要有一屋子的连环画或者绘本就很满足。问题是，我们自己能够知足吗？或者说，我们是不是只有在孩子得到奖杯时才会有成就感呢？

完美丈夫

有些丈夫就是喜欢给妻子送鲜花制造惊喜；他们会帮助妻子洗车，为车打蜡；他们还会带孩子去看电影，让妻子放松一下。看到这里，相信很多人都会对自己的丈夫生气，因为他什么都没有做。由此看来，我们不仅仅会和孩子站在比较的火线上，还会拉上丈夫。从表面上看，好像很多妇女都有一段很棒的婚姻，都受到丈夫的宠溺，随时都会沉浸在丈夫制造的浪漫中。但是，我们看到的却只是表面，不是吗？

以前，我认识一位妇女，她似乎拥有完美的生活，后来我才震惊地发现，她经常被丈夫虐待。从这件事，我们可以看出，我们根本不清楚别人没有展示给我们的那一面的生活。所以，不要再抱怨自己的伴侣了，寻找机会，学会感恩，学会经营你们的关系！

这是本章我要讲的最后一个错误思想。

我们错过了什么呢？

把我们自己和新闻推送里的"完美妈妈"做比较，不仅会让我们自己感到自卑，还会使家人丧失信心。此外，它还会让我们错过和真实的人的真实交流。一个点赞或者表情并不能代表一次对话。以前的人们用电话和朋友交流。在电话里，人们可以在某人的声音中感受到兴奋或者颤抖，可以通过语音、语调做出很多推测判断。但是在这个媒体炒作的时代，我们失去了那种判断力。朋友之间不再有有意义的对话，剩下的只是快速点赞和瞬间评论。表面上，我们有数百个朋友，但是实际上，寥寥无几，甚至可能一个也没有。

很多人通过网上的一些帖子知道了我们，但是我们自己清楚，他们所了解的根本不是真正的我们，也不是我们真正的生活。所以，这些人并没有减少我们的孤独，反而使我们更加孤独。

对于那些只展示自己幸福的一面的人来说，他们把自己不幸的一面深深地藏了起来，结果只会越来越糟，直至崩溃。过去，我们可以当面把自己遇到的问题告诉亲密的朋友，现在却只能深藏心底。我们看到的他人是完美的，就是因为我们没有看到他们的痛苦。研究表明，社交媒体只能使人更加孤独：在网上花费的时间越多，人越感到孤独。也许，除了用手机来发送信息、推送文章之外，我们更应该做的是用它给朋友打电话，分享彼此的真实境况。

策略:学会知足

> 人们焦虑的主要原因是总是用自己的普通面和他人的精彩面做比较。
>
> —— 史蒂文·弗蒂克

爱迪生研究所做过一项有关妈妈的调查,发现93%的妈妈活跃于一些社交媒体上,每天花费在线上的时间大约占了3.5个小时。首先,这个数字让我很震惊。我想,这些时间可以用来提升自己,也可以用来和别人做比较,形成思维定式,让自己陷入负面情绪。这些比较会让我们觉得自己的快乐微不足道。

当我感恩生活中的美好时,就会感到知足,就不会与他人做比较。当我微微感到自己有比较的倾向时,就会想自己的快乐,这样就不会有比较心理。当你发自内心地热爱自己的生活,并且学会感恩时,就不会与他人比较。这就是知足。

快乐习惯

(每次当你有比较的倾向时)留出一些时间感恩自己的生活。今天有什么让你感恩的事情呢?

反思回顾

1 你每天在社交媒体上花费多长时间呢？这些时间利用好了吗？

2 当你把自己或者自己的家人与别人做比较时，会有什么样的情绪呢？

3 你虽然不完美，但是可以成为一名伟大的母亲。写下5件可以帮助你成为一名伟大的母亲的事情。

4 想一个你过去常用来和自己做比较的妈妈，你所羡慕或者渴望自己拥有的一些东西是什么呢？这些东西你需要吗？如果需要，那么你如何能够拥有呢？

5 当你小的时候，希望自己的父母完美吗？你最想要他们给你什么呢？

Part / *12*

没有一个团体可以治愈孤独病

自己孤独的原因

我真的是在为友谊苦苦挣扎。

我有上百个线上好友，但都是泛泛之交；在 Ins 上有数千名追随者，在脸书上有超过 100 万名追随者，但是实际上我只是一个孤独的妈妈。我的意思并不是说想要建立一个巨大的群体；事实上，我很开心自己有两三个可以依靠的朋友——她们爱我的孩子，会陪我一起喝茶，会和我一起聊生活，会和我一起聊做母亲的感受，但是我们不会随意评判彼此的生活。自从搬到新家，我就一直害怕与这里的人接触。说实话，我害怕被拒绝。再加上自己的高度敏感又极其内向，所以自然而然地就会很孤独。

但是，我想做出改变。我希望可以找到自己的归属地。说实话，孤独已经使我数次患上抑郁症，对此，我已经习惯。数十年的研究已经证明，社交（真正的朋友关系而不是网上的泛泛之交）和人们的快乐指数和身心健康紧密相连。研究还发现，缺乏社交要比肥胖症、吸烟和高血压带给人的危害更大。

并不是我一个人感到孤独。事实上，许多妈妈都有此感受。

虽然我并没有精确的数据来证明，但是网上的一个调查样本显示约55%～85%的妈妈都会感到孤独，而且只要细心观察，就会发现这其实是现代妈妈的一个通病。那么，我想说的问题是"为什么会这样呢？""我们又能做些什么呢？"

下面是几个我在不同时期感到孤独的原因。也许你也能从中找到自己孤独的原因。

原因一：你和你所认识的其他父母们处在不同阶段

我比大部分朋友生孩子都晚，所以，当我的两个儿子，一个刚刚出生，另一个刚刚学会走路时，他们的孩子已经成大孩子了。当他们终于熬出头有时间出去玩时，我忙碌的喂养时期才刚刚开始。所以，我们的时间很难凑到一起。

当然，生孩子晚也意味着我是"大龄妈妈"，所以，很难与孩子和我孩子一般大的二十几岁的妈妈们真正理解彼此。像我这么大年龄的妈妈大部分都已经开始准备送孩子上学了，因此她们和我所处的阶段也不一样。我并不是说自己无法和年轻妈妈们交朋友。事实上，我非常喜欢从这些年轻妈妈们那里学习育儿知识，也非常喜欢彼此交流分享故事。问题是，处于不同的阶段使得我们的沟通很难，尤其是在这个新社会。

原因二：找到志同道合的朋友很难

我从未找到过真正志同道合的朋友。我自己有点不合群，这我知道。所以我很难从这个世界上找到一个和我想法一致的灵魂。最大的困难是，我不想死板地按照社会标准教育孩子，有些妈妈却因此生气了。因为我选择了不同的教育方式，所以一些妈妈就认为我是在批评她们的做法。我已经不想再一遍一遍地向她们重复，每个人都可以选择自己喜欢的教育方式，虽然选择不一样，但是我们依然可以关爱彼此。有时不想让别人生气或者不开心让我筋疲力尽。

当今文化背景下，人们似乎很难喜欢或者容忍和他们有任何一个观点不同的人。这种荒唐行为不仅仅会加剧我们的孤独，还会使我们思维单一，无法获得更丰富的知识和经历，或无法认识一些非常优秀的人。

人们需要结交志趣相投的朋友，他们会对你有很大的帮助。我有两个朋友，她们和我心灵相通，我们许多看法都一致。我每次和她们聊天都非常投机，也会有很多收获。但是，我们还是要接纳一些和我们看法不一样的人，否则，社会只能向不好的一面发展了。

说实话，不管你的政治立场是什么，不管你信奉唯物主义还是唯心主义，我都愿意和你做朋友。即使你的育儿选择与我的不同，我依然会关爱尊重你。正是因为不同，所以我们才是独一无二的，才能相互学习。我很难找到和我的交友观一致的朋友。

原因三：主动和人说话了但是却没有得到回应

也许，就像我一样，你主动和他人说话了，但是别人却没有回应你。被拒绝确实是令人痛苦的；其实没有被拒绝过多少次，但你却不敢再尝试，不敢再站在一个陌生人面前主动说话或者主动开口邀请他人。当别人没有给出回应时，就会感觉好像有人在自己的脸上打了一巴掌。当没有得到回应时，我也总是会胡思乱想：自己是不是说了什么不该说的话？她为什么觉得我不适合做朋友呢？这样想的结果就是自我感觉很差，而且因为害怕被拒绝而不敢再去主动。

我和高中玩得最好的一位朋友依然保持联系。她身上似乎有一种魔力，无论走到哪里，都可以吸引很多人。最近，她搬家了，而且已经和当地的很多妈妈成了好朋友。当我问她是如何做到无论走到哪都能如此快地找到属于自己的团体时，她说："我会主动打招呼，询问她们的故事。大部分人还是非常乐意分享的，最后我们就成为了朋友。"想要做到我朋友这样，需要自信和勇气，不幸的是，我都没有。但是，我们可以向我朋友学习，勇敢一些，坚强一些。

说到这，我就不得不提一下我的下一个观点：自信。我认为在所有导致我孤独的原因里，缺乏自信差不多排第一。从很小的时候开始，我就不自信，也因为不自信错过了很多交朋友的机会。

原因四：缺乏自信

如果你对自己没有信心，那么就不可能主动去和别人说话。我的极度不自信使我不断地怀疑自己。别人为什么要和我做朋友呢？我一点都不时尚。虽然我在慢慢地发现自己的价值，培养自信，但是这花费了很长的时间。要想完全克制自卑很难，不过我正在努力。当然，每次当我尝试着和别人说话，却没有得到回应的时候，还是感觉备受打击。但是，每天不断地告诉自己"我很棒，我值得别人结交"对于提高自信也会有很大的作用。我想，像我那位高中同学那样处处透露着自信的人基本上是不会被拒绝的，即使被拒绝了，他们也不会觉得是自己的问题。只有自己爱自己，别人才会爱你。

我正在努力变得自信。

原因五：你必须放弃自己仅有的一些独处时间

现在，我有很多的独处时间，但是在做妈妈的前10年我确实没有。大儿子1岁的时候，我就开始在家工作，从这点上来说，在这10年里，我每天都和孩子们在一起。我每天都和他们一起睡觉，我在家教育他们，从来没有抱怨过，因为这是我自己的选择（如果再给我一次机会，我还是会这么选择）。但是这也意味着我的独处时间少之又少而且极其宝贵。对于像我这种敏感而又内向的人来说，独处时间对于我们就像水对于人类，所以我绝对不会放弃这些独处时间去和朋友们看电影。独处时间最重要！

原因六：远离家乡

大部分人都是这样，必须随着工作搬家。因为丈夫的工作，我们搬到了一个新的地方，这次搬家使我遭受了从未想到过的精神打击。突然来到一个新的环境真是令人感到恐惧。在家乡的时候,每个人的背景和经历都类似,即使是和陌生人说话,也有很多话题,可以讨论共同上过的学校,讨论曾经玩耍的地方,讨论当地的奇闻轶事。虽然我们不认识彼此,但是我们之间很可能有共同认识的人。从这方面来讲,小镇乡村很有趣。但是,在大城市,很难有这种类型的对话。我必须使用全球定位系统(GPS)才能找到孩子所在的俱乐部的场地。我不知道身边的人是在哪儿长大,在哪儿上的学。

我怀念乡村的公路,怀念那种熟悉的感觉,怀念自己带着孩子去爷爷奶奶家做华夫饼的时候,怀念自己生病的时候爸妈可以顺道过来帮我照顾孩子的时候,怀念经过母校的感觉,怀念再一次回到高中操场的感觉,怀念去熟悉的森林里远足的感觉,尤其怀念那些我所认识的妈妈们,怀念我们一起上学的时候。总的来说,我怀念的是那种归属感,我们想要的就是一种归属感。

原因七:无法融入小圈子

以前我总认为高中毕业以后应该就没有小圈子了,但是很不幸,事实并不是这样的。我们经常会看到,妈妈们也是有圈子的,而且不确定她们是否愿意接纳新人。我们很难把自己融入一个已经存在很久的圈子里,因为她们可能从小一起长大,她们的孩子也是一起长大的。她们不愿意接受新成员,就像孩子们不愿接受新来的同学一样。

我从来都不属于时髦一族,现在已经40岁了,再开始学习也没有意义了。就像我的孩子们一样，我也只想有一两个志同道合的朋友，同我一样喜欢《哈利·波特》，喜欢管弦乐，这样就足够了。

原因八：开支预算

当然，如果我们有很多钱可以用来挥霍，那么也能够结交很多的朋友。在城市里，有很多相关的活动。只要我愿意支付相应的费用，就可以结交一些画家妈妈、滑冰妈妈或者跳尊巴舞的妈妈。但是，我不确定，当我毫无节奏感地摆动着自己的身体时，是否会有人指着我说："我想和她做朋友！"

原因九：一个人带孩子

一个人带孩子真的非常辛苦。早些年，我丈夫经常出差，所以，我必须自己带孩子，而我又不太了解。我非常钦佩单亲妈妈以及那些由于丈夫没有时间照顾家自己要承担绝大部分负担的妈妈们。当你花费了大量的时间带孩子，基本没有时间去结交朋友或者维持友谊。所以，也许最需要团体的是单亲妈妈们。

原因十：孩子占据了你所有的时间

你的日程表上有一天是空出来的吗？如果你有多个孩子，每个孩子又要参加无数项活动，那么你的日程安排就会异常紧张。你几乎不可能找出一点空闲时间和朋友小聚一下，因为她的日程安排也和你一样紧凑。但是，如果你忙碌到没有时间和自己的朋友培养感情，那么或许应该重新看一下自己的日程安排了。

原因十一:你不想让别人认为你鲁莽或者需要关爱

其实我不是特别想向大家承认自己是孤独的(但是如果你们读完这本书,就会发现这是个事实了)。因为我会觉得这样会显得自己很可怜。我不想让别人同情。我也不想主动和别人约定相聚的日期,因为我不想让自己尴尬,也不想让别人尴尬。向别人发送好友申请都会让我感到很紧张。

有时成年人的生活就像中学生的生活一样,只不过多了咖啡而已。

原因十二:内向

我想要结交一些亲密的朋友,但并不是特别喜欢晚上和几个人一起出去玩或者参加一些有多人参加的群体活动。我更喜欢面对面聊天或者玩得非常好的几个朋友的相聚。一大群人的喧闹不会让我心情愉快,反而会让我筋疲力尽。此外,我也不擅长寒暄。但是,不幸的是,很多人却喜欢"天气真是变幻无常"这种浅显的谈话。

和我志同道合的人在哪儿呢?我在哪儿能找到想要探讨深刻话题的人呢?

找到自己的小团体

妈妈们,如果你们想做快乐的妈妈,就必须勇敢创造属于自己的小团体。我现在发现, 忍受孤独要比主动与别人说话且可能会被拒绝时的不安更令人难受。

我们必须勇敢创造属于自己的小团体。

贝思·贝里在她的网页——"改变从家开始", 发了一篇题目为《缺乏社交团体的妈妈最痛苦》的帖子, 有力地阐述了缺乏归属感的妈妈的痛苦。她说, "在我们几乎没有时间和精力的阶段却不得不去创造一些团体"。这就是问题的关键, 不是吗? 我们需要他人的陪伴但不想经历千辛万苦地去争取的过程。贝思·贝里明确指出, 缺乏归属感会使妈妈们曲解对自己的认识, 因为她们认为现在的痛苦都是由自己造成的, 而与环境无关。

我们没有想这样养孩子, 没有想要自己承担这么多的压力, 但是在当下, 却不得不承担一些超出能力之外的责任。因为负担太重, 所以我们会感到力不从心, 而这不是我们的能力有问题。以前的人们, 好几代的亲戚朋友生活在一起, 孩子们可以跟着朋友们一起疯玩, 妈妈们能找到一些帮手, 也能找到可以诉苦的人。因为经常会有很多人帮助, 所以带孩子的压力不会落在一个或者两个人的肩膀上。除此之外, 人们也会互相鼓励。所以, 我们要做的, 就是生活在一起。

可悲的是, 除非我们有能力把整个街区买下来, 让自己的朋友和家人住进去, 否则无法实现曾经的群居生活, 但是这只是一个梦。如果我们想要一个群体，无论在哪，都需要通过自己的沟通去努力实现。

策略:培养沟通能力

在理想的世界中，我们不会去结交太多新朋友，而是经常和老朋友重聚。我们会放下手机，找出时间，一起聚聚，培养一下感情。我们会求同存异，把彼此当作兄弟姐妹。我们不会再在网上交流，而是面对面地沟通。我不会在Instagram上看她儿子的照片，而是望向窗外，看她儿子和我儿子一起玩耍。

也许有一天，我们所有人都会互相沟通，但是现在我们必须先与别人沟通。我们必须使用打电话或者写信的方式来沟通，不再是通过朋友圈的点赞或者评论来沟通，而是聆听彼此的声音。如果真的想要曾经的团体，那么我们必须用心经营。布琳·布朗博士说过:"缺乏爱和归属，人就会感到痛苦。"摆脱孤独和痛苦的方式就是寻找爱和归属。给予爱、接受爱是摆脱孤独的很简单但是却最有效的办法。

爱上自己

布朗博士曾在她的书里提到自我归属。我认为我们首先应该把爱和归属给予自己，所以我也会这么做。如果你也对自己不自信，无法接纳自己，那么可以先学会爱自己。当学会爱自己，你就会看到自己的价值，那么别人是否打电话联系你、是否与你观点一致或者是否认为你比较酷都不重要了。

我特别想让孩子也能学会爱自己。我希望他们能看到自己的价值，有自己的主见，不会轻易受他人影响。我不希望他们通过同龄人的评价、学术或者运动能力、社交媒体上的追随者（当他们可以上社交媒体时）或者其他任何事情来判定自己的价值。我不想让他们对自己的价值有任何怀疑。那么，我为什么要怀疑自己的呢？我能用自己的行动和信仰教会孩子什么呢？重申一遍，孩子们确实在帮助我成长。

学会坚强

你一旦接纳了自己，就有能力去爱他人、接受他人的爱。我们都知道，爱有时会伤人。我们或多或少都尝过受伤的滋味，比如被拒绝。被拒绝之后，想要勇敢地站起来，面对内心的伤痛的唯一方式就是足够爱自己、相信自己：虽然被人拒绝了，但是我仍然值得被爱。为了找到自己的团体，我们必须一次又一次地主动敞开心扉，因为如果我们自己心门紧闭，隐藏真实的自己，那么志同道合的朋友又怎么能够找到我们呢？如果我们为了融入一个群体而强迫自己去说一些别人喜欢的话或者讨论别人喜欢的事情，那么我们就找错了团体，而且为了留住这些朋友，往后需要一直戴着一副面具。所以，我们一定要展现真实的自我，这样才能找到属于自己的小团体。做真实的自己需要勇气！

给予、服务、做志愿者

回馈社会会让我们感到快乐，在此过程中我们还能结交一些志趣相投的朋友。当你做一些志愿活动或者服务他人时，就会多一份归属感。你会感觉自己是小团体的一分子。

以下几种方式能够帮助我们融入当地的团体中：

1. 在当地购物。去当地的书店逛一逛，可以是为了买书，也可以是参加一些活动。如果可能，认识一下那里的工作人员。这里通常能够完美展现社区精神。

2. 为当地的体育队加油。

3. 向当地的食品室捐赠食物。

4. 去收容所帮忙或者提供一些旧的物品。

5. 向当地的书店捐赠一些旧书。

6. 组织社区房屋销售。

7. 参加跑步或者其他兴趣俱乐部。

重新安排一下日程表上的优先级

很多情况下，我们实际上并没有自己想象的那么忙。如果我们每天能够在社交媒体上花费3.5个小时，那么我敢肯定我们一定有时间联系朋友或者把东西放到捐赠箱里。对于一些很想做但是会让我不舒服的事情，我倾向于向后排。人都是这样吧！我们经常抱怨，有些东西自己想要却怎么也得不到，但是从来都不会把它们放在第一位。这样，又怎么能得到呢？

但是，如果你将和朋友联系排在日程表的后面，就需要付出沉重的代价。所以，即使它可能比较难，也可能比较可怕，但却要将其排在首位。培养沟通能力能够保证自己的心理健康，所以，值得为之努力。

快乐习惯

选择前文提到的策略之一来培养自己的沟通能力并为之努力。今天可以做些什么呢？

1 本章我列举了12项导致我们孤独的原因,哪一项最符合你的情况呢?有没有什么原因是你所经历的但是我没有提到的呢?

2 如果有10个等级(1—10级,1级最低,10级最高),那么你对自己的爱在哪个等级呢?

3 回想一件你感兴趣但却还没有采取行动的一件事。今天能够采取的一小步措施是什么呢?

4 你的理想世界是什么样子的呢?

5 你在寻找什么样的团体呢?具体一些。

培养沟通能力能够保证自己的心理健康，所以，值得为之努力。

Part 13

内向又极其敏感

枪炮声此起彼伏，震耳欲聋的子弹声在我耳边回响。我像个孩子一样捂住自己的耳朵，试图阻隔掉这种恐惧的声音。地上到处都是血，路面已经被染红。看到这种场景，我的胃里翻腾得难受。我起身离开，不再看这场屠杀，暂时也顾不上管自己的爱人，只觉得头晕目眩、双腿颤抖。我到一个又黑又暗的洗手间里待了一会儿，闭上眼睛，平复了一下心情，调整了一下呼吸，开始从60往回数，最后被冲厕所的声音惊醒。

我并没有在战争中，上述内容只是我在电影院的一次经历，和丈夫一起看了一场暴力电影。我不喜欢暴力电影，不喜欢嘈杂的声音，不喜欢频闪的灯光，不喜欢观看的观众——从开始到结束就是一场灾难。我只是想和丈夫约会，做一些其他夫妇做的事情，比如看电影、吃晚餐，根本没有意识到所选的电影这么血腥和暴力。

全世界有15%～20%的人高度敏感，不幸的是，我就是他们其中一员。因为高度敏感，所以感受能力比较强，能够感知巨大的痛苦，也能感知极大的快乐以及两者之间的所有情绪。我很容易感到疲惫不堪，可能是因为感知到的事情太多，也有可能是因为要做的事情太多。我对气味极其敏感，刺激难闻的气味可能会让我感到窒息。我似乎特别容易受周围的人的情绪影响，即使有时"周围的人"是屏幕里的人。我也能够轻松地看透一个人，好像具有第六感一样，但是其实没有那么酷。虽然，我无法爬真正的墙，但是似乎可以翻越别人的心墙。

你还记得电影《圣诞怪杰》的这一部分吗？"啊，那个噪声！啊，那个噪声！噪声！噪声！噪声！噪声！"我想这是古怪的格林奇发出的吧！当我处在一种嘈杂的环境中，比如一个拥挤的商场或者烟火表演场地时，很快就会感到烦躁不安。但是，我并不是讨厌所有类似的场合。我也很喜欢喧闹的音乐会，但是我待一会儿就必须离开，之后需要很长的独处时间。

和所有敏感的人一样，我会为一些商业广告和精美的艺术感动得落泪，会被音乐和诗歌深深打动。对于一些批评，我经常反应过激，而且之后会持续失落很长一段时间。做一些重大的决定会使我异常紧张。我更喜欢独自锻炼身体，所以家里放了很多DVD（数字激光视盘）；如果你给我办一张健身卡，那么还不如给我换成咖啡呢！同样，我也更喜欢单独工作，所以我很喜欢自己的职业：在家写作。不过，话说回来，这是不是因为我内向又高度敏感呢？两者有很多相似点，我经常分不清。

我不仅高度敏感，而且很内向。事实上，如果内向程度可以用一个标尺来衡量的话，那么我应该是在标尺的最右端——"极其内向"。再加上我的社交恐惧症，大家可以想象我在聚会上有多窘迫了吧！当然，我是在开玩笑，因为我不会去参加聚会。我没有必要去参加，因为我的脑海中每时每刻都有一场聚会。我所说的"聚会"，是指自己脑中无数的想法的碰撞。像我们这样的内向者，总是活在自己的世界里。在格兰尼曼的书《内向者的秘密：活在自己的内心世界》中，作者简洁地总结了内向。她说，"内向者住在两个世界里：一个是现实的世界，另外一个就是孤独的内心世界"。

高度敏感的人也有好处。他们特别善解人意又富有同情心，而且非常有爱心，发自内心地喜欢动物。也许他们无法在聚会上大放异彩，但是你可以和他们进行一场长达数小时的谈话，共同深入探讨人生。他们想要去帮助别人，使其快乐；希望自己可以微微为他人做点贡献。

高度敏感的妈妈

我的这种性格一方面帮助我深深地体会到了做母亲的快乐，另一方面也让我遇到了很多的不快。直觉很准、做事勤勉认真、富有同理心，这些特质帮助我成为一名更好的妈妈。很多情况下，在孩子还没有表达自己的情绪前，我就已经知道了他们的感受。我可以站在孩子的立场，从他们的角度思考问题，所以就能够更好地理解他们。我的心中充满了对他们的爱和自豪，我也深深地感受到了做母亲的快乐。我总是能够找到新颖的方式激发他们的创造力。而且我的一个儿子恰好也是极度敏感内向的，虽然有时我们也会发生激烈冲突，但是我还是最理解他的人。

高度敏感让我遇到了很多挑战，对我的感官刺激也很大。孩子们生来就很吵。他们精力充沛，每天都是热情洋溢、兴高采烈的，当然同时也非常吵。我听到过他们的轻声细语，也听过他们的厉声尖叫。我闻到过各种不同的气味，有婴儿沐浴露的清淡香甜、尿布上的尿味，还有一大摊呕吐物的刺鼻气味。我看到过他们流着鲜血的鼻子，几乎晕倒；也看到过他们在我怀里恬静地入睡的样子。真的是令人难以置信！我体会过他们在我额头上亲吻的香甜，也尝过7岁的儿子在一个脏的茶壶里做的香蕉牛奶的奇特味道。我感受过蹒跚学步的儿子的爱抚，也感受过他们撕扯我头发时的疼痛。

很多次，我都被感受到的迥然不同的信息搞得筋疲力尽，而且不想与人接触。敏感的妈妈们总想找到自己内心的平静祥和，但是方法非常有限，尤其是在孩子还小的时候。过激反应导致情绪不佳，最终烦躁不安。敏感、追求完美的特性会让你为自己的这种烦躁且想要逃离感到内疚，最终你可能会大喊大骂或者把自己锁在洗手间里安静几分钟。然后开始想，自己为什么不能把事情处理得更好些呢？

读到这你会不会感到绝望了呢？也许你还没有意识到内向是

天生的，你没有选择权。也许在一生中，你听到过无数次"你太敏感了"，所以就认为自己不够好或者自己在某些地方做错了。也许，你还没有意识到，敏感这种感觉非常正常，别人也会有。

心理学家伊莱恩·阿伦在她的著作《天生敏感》里指出，高度敏感的人神经系统非常敏感。她指出高度敏感的人对周围的一切事情反应更加强烈。你可以通过回答以下几个问题来判定一下自己是否高度敏感，然后浏览阿伦的网站、阅读她的书，来了解自己的潜力吧！

当你在短时间内有大量的事情要做的时候，是否感到愤怒呢？

东西杂乱会使你感到烦躁或者焦虑不安吗？

你是否有意避免自己观看有关暴力的电影或者电视节目呢？

你有没有注意到别人没有注意到的细节呢？

当你小的时候，你经常听到别人说你很敏感吗？

你讨厌某种布料或者质地吗？

你也是内向的人吗？

比起外部的刺激你更关注自己内心的想法和感受吗？

社交之后你会感到筋疲力尽而且需要修整吗？

你会在面对不熟悉的人时沉默寡言，而在面对熟悉的人时侃侃而谈吗？

你会经常反省自己吗？

你会经常幻想吗?

你每天都会渴望有一点独处的时间吗?

敏感妈妈们的"镇静剂"

敏感或者内向的妈妈们可以做一些调整,使自己变得更加快乐。所有的妈妈,尤其是高度敏感的妈妈们一定要学会自己关爱自己,这点会在下一章详细阐述。以下6种镇静剂帮助我有效地控制了自己的敏感。

1. 找出诱因。留心那些让你情绪波动比较大的事情。你如果能够更好地了解自己,了解自己的情绪是如何受环境影响的,就能够弱化或者避免这种因素对自己的影响。

2. 为自己创造一个庇护所。我把自己的卧室作为自己的庇护所,里面光线柔和、被子柔软、摆满了书,让我感觉很放松。如果你无法改装一个房间,找一小片地方就可以。里面放上使自己感到轻松自在的东西,如柔软的枕头或者微微散发着香味的蜡烛。听一些放松心灵、鼓舞人心的音乐。

3. 明白哪些事情能够让你重新恢复活力、关注自己。找到这些事情和找出敏感的诱因一样重要。听一章有声书、去户外散散步或者一边洗热水澡一边听音乐,这些都可以使我重新恢复活力。我们每天一定要花费一点时间来调节自己的精神状态。

4. 整理房间使其整洁。我明白,有孩子的时候想要做到这一点很难,但是请相信我,这一点非常重要。我们可以先不管孩子们的房间和他们的游戏室,但是我们出入的地方——客厅、厨房和卧室——必须相对整洁一些。脑子的混乱与有条理似乎同居住空间的杂乱和整洁存在着直接关系,其中一个乱了,那么两者都会乱;其中一个整洁了,那么两者都会整洁。应该不止我是这样的吧!不管怎样,看到物品摆放得整整齐齐,我就感到平和宁静。

5. 学会尊重敏感的自己,放慢脚步,不要盲目跟风,要更有针对性。如果某人的邀请让你感到筋疲力尽,那么你可以直接回绝。你没有必要让孩子学习所有的运动,参加所有的课外活动。你也没有义务去管理任何你所参与的事情。如果每天异常紧绷,就给我们本来就敏感的神经系统增加了压力;如果我们每天日程排得满满的,就不可能有时间放松或者给自己充电。

6. 和孩子们建立一种让自己放松的沟通方式。此点对我来说非常重要,因为我有两个儿子,其中一个精力充沛、活力满满,特别吵。他们会经常拿着Nerf(一个玩具品牌)的枪和剑玩,但是每天晚上,我都会让他们在我的"庇护所"(卧室)里待上30到60分钟,我们大声读书、互相谈心,即使他们现在已经长大了,也依然保持着这个习惯。卧室里的唯一灯光就是看书灯发出的。用这种方式结束一天会让人感到心情放松。这已经成为我们的一个重要仪式。

策略:尊重自己

我个人认为高度敏感的人是上帝赋予社会的一笔财富。虽然这个世界几乎要压垮他们,但是他们却使其变得更加温柔、友好和光明。高度敏感的人提醒人们放慢脚步、静下心来、感受内心深处的情感、相信自己的直觉、感受身边的美好。

敏感的妈妈们,你们没有任何错。为自己现在的样子感到自豪,学会爱上你在镜子里看到的自己,学会欣赏自己的性格特征,把敏感作为自己的一种超能力。相较于世界上另外80%的人,你们与生活相处得更加融洽,而这让你们与众不同。欢迎来到敏感人群俱乐部,这里没有你不想参加的聚会。

学会接受完整的自己,这样你就可以接受孩子的全部。也许你的孩子如我的孩子一般敏感。如果你想送给敏感的孩子一份礼物,且它要对其成长的方方面面都有帮助,那么自爱是最好的礼物。但是如果我们没有拥有这个特质,就无法给予他们。

尊重自己的第一步就是允许自己偶尔无知和无能为力。如果我们知道杂乱和喧闹会对我们有负面影响,肯定早就做准备了,但是我们谁都无法提前了解,所以都是一边生活一边改进。原谅自己有时候会烦躁不安,这并不说明自己本性不好;烦躁不安的时候我们可以采用上面所说的方法来使自己镇定。原谅自己有独处的需要,这也没有什么错误,而且在自己调整情绪的30分钟里,孩子也不会没有人照顾。

敏感的妈妈，你要理解这些只是你性格的一部分，但是并不能定义你或者妨碍你做一些事情。你仍然可以和孩子们一起疯狂玩耍，也可以去拥挤热闹的主题公园旅游，还可以和家人一起外出散步。你只需要对自己再温柔一点：爱惜自己的身体，聆听自己的心声，尊重自己的需要，放开一些，享受生活。一定要记住，孩子们需要你、爱你。

快乐习惯

定期锻炼身体，这是一个老生常谈的话题，但是对人真的有很多益处，尤其是敏感妈妈们。锻炼可以帮助我们减轻压力，使我们神清气爽，还能释放内啡肽（一种激素），使我们更加快乐。当然，锻炼还可以使我们吸入更多的氧气，从而精力充沛。

像我们这样高度敏感的人可能不喜欢竞争激烈的运动或者拥挤的健身房，但还是有很多其他选择可以帮助我们强身健体，重新获得活力，比如远足、游泳，以及练普拉提、骑自行车或者做园艺。

反思回顾

1 你能在家里哪个地方设置一个庇护所呢？

2 开发自己的创造力，今天可以创造些什么呢？

3 你认为"敏感"的含义是什么？你会想到一些正面还是负面的东西呢？

4 列举敏感的特性对他人有益的方面。

5 在日常生活中，你如何把锻炼放在首位呢？

爱惜自己的身体,聆听自己的心声,尊重自己的需要,放开一些,享受生活。一定要记住,孩子们需要你、爱你。

Part / *14*

用实际行动来爱自己

孩子出生之前，我生活规律。吃饭、睡觉、洗澡——我可以利用自己的时间，按照自己的意愿完成。我有很多业余爱好，喜欢和丈夫晚上约会，在空闲时间会和朋友一起出去玩。我和丈夫还可以有说走就走的周末旅行，因为我们只需要拿一个小的行李包就可以了。周末晚上，我可以熬夜到很晚，第二天也不用早起。但是，现在我已经记不清上一次睡到自然醒是什么时候了。

有好些年，我和丈夫的工作时间正好错开，一个白天，一个晚上，所以当我下班回家以后，可以有一个晚上的独处时间。我喜欢每天进行1个小时的锻炼。我会定期理发、敷面膜、泡脚，还会去给自己买衣服，想象得到吧！关爱自己根本不是问题，可是有了孩子之后，我几乎没有独处时间，这种落差使我一下子难以接受。

我的儿子是我收到的最珍贵的礼物，但是他也颠覆了我的生活。突然之间，吃饭、睡觉、洗澡都得根据他的作息时间来确定。我始终会先满足他的需求，之后才会去想自己的；但是因为宝宝的需求太多了，所以我几乎没有时间来想自己的需求。我的业余爱好已经成为过去式了，和朋友一起出去也不再是首选项，甚至几乎没有和丈夫一起再吃过烛光晚餐。我为宝宝购物，为宝宝唱歌，为宝宝熬夜，为宝宝醒来——我的整个世界都围绕着这个小开心果转。

很长一段时间，我都认为把自己的需求放在首位是一种自私的行为。我告诉自己，绝对不能那么做。我认为自己是一位好妈妈，因为我牺牲了自己的需求来照顾孩子，但是说实话，我这么做不是因为没有时间去满足自己的需求，而是因为满足了自己的需求会觉得愧疚。我本可以不用一直抱着他，把他放下也没事的。我本可以把他留给爷爷奶奶或者临时保姆照顾，自己和丈夫出去约会的。我本可以把他留给丈夫照看，自己去和朋友聚会的。但是我没有这么做，因为在我心里，好妈妈就应该时时刻刻陪伴着孩子。这种想法不仅错误而且很危险，因为它会导致妈妈们忽视自己，最终导致其完全失去自我。

但是，我清楚地记得自己刚听到关爱自己的这个想法时，觉得特别不现实。他们说"宝宝睡觉的时候你也睡"，但是不管多困，我就是睡不着。他们告诉我早上在孩子醒的前几个小时先起来，这样就可以有独处时间了，但是我和孩子一起睡，我起床的时候，他们就醒了。他们说可以早点哄孩子入睡，这样就可以和丈夫共度一晚，但是长达数年，孩子们一直需要和我一起睡。等到孩子们要睡觉的时候，我也困了。每天结束的时候，我都感觉筋疲力尽，根本没有时间或者精力去构思或者读小说。

当然,我可以改变孩子的睡眠习惯。我可以做不同的选择,但是夜里我必须陪在孩子身边,否则,心里就过意不去。漫长的夜晚会让人感到很疲惫,但同时也能够培养我们与孩子之间的感情。睡觉之前,我会给孩子们讲故事,我们一起畅游在遥远的外太空;我会为孩子讲龙、骑士和神奇的珠宝的故事;我们会互相按摩背,互相甜蜜拥抱。这一切都是非常珍贵的,是其他事情替代不了的。

在刚做妈妈的那几年,对于关爱自己,我学习到了很重要的一课。首先,自我关爱绝对有必要,而且满足自己的需求一点都不自私。其次,我可以重新定义"关爱自己"。我重新检讨了自己脑中的"自爱"定义,因为说实话,我感到筋疲力尽是因为希望能够每天抽出几小时来关爱自己,然而这只是一种不切实际的期望。

和丈夫的约会不一定要吃烛光晚餐,去电影院看2个小时的电影。你们也可以在自己家的餐厅,点上一根蜡烛,面对面坐着,一起享受刚刚做出来的馅饼。真正重要的不是你们吃什么,而是真正的沟通。和朋友相聚也不一定要去咖啡馆的读书俱乐部或者某人家里的剪贴簿派对,也可以是在脸书上的10分钟通话。真正重要的还是你们之间的沟通。睡前给孩子们讲故事,一起探索未知的空间,可以让我活力满满,就像自己花了1个小时又敷面膜,又修剪指甲一样。换个角度看待问题,并且抱有感恩的心态,就能够关爱自己。

当我对关爱自己不再抱有不切实际的想法之后,就能够轻松地做很多事情来滋养自己的心灵和身体。毕竟，这才是真正的关爱自己。不一定要去寻找一种特定的方式或者持续的时间。就像我可以把杯子放在灶台上，每隔几个小时往里面倒一些水，这样一天下来，杯子就满了。同样的道理，如果我们时不时关爱一下自己，那么一天下来我们就能够获得很多快乐。

时间不够

我完全能够理解有些人说没有时间来关爱自己，我以前也这么认为。然而，如果我们仔细算一下时间的话，就很容易发现我们其实是能够腾出一些时间的。每周，我们一共有168个小时，算一下每周工作、睡觉和必须参加的教会或者社区活动时间，然后算一下每天上网的时间，我们就能意识到原来自己每天在网上浪费掉这么多时间。当我计算自己的时间时发现，把自己花在网上的时间和在手机上玩游戏的时间（两者都无法滋养我的身体和灵魂）加起来，我每天至少浪费掉了1个小时本来可以用来滋养自己的时间。

亲爱的妈妈们，你们要明白自己的价值。你的价值不仅仅是妈妈这个身份所赋予的，还有你自己本身的价值。你的身体、精神和心理健康都非常重要。你明白人得先照顾好自己，再照顾好家人，所以每一天都要关爱自己；只有这样，你才能把最好的一面给予家人，也才能活出属于自己的人生。不管有没有孩子，都要照顾好自己，这种行为一点都不自私，因为人都是有需求的！自我关爱并不是说"我比你重要！"，而是说"我也很重要"。我并不是要大家只满足自己的需求而不管孩子的需求，只是想要告诉大家要把满足自己的需求放在首位。

先照顾好自己，再照顾家人。

你可以做什么事情来关爱自己呢

你对"关爱自己"有什么不切实际的想法吗？你对"关爱自己"的定义是什么呢？丢掉那些不切实际的期待会对我们有很大帮助。这些想法合理吗？容易实现吗？我以前经常认为"自我关爱"就是"暂时逃离"或者"独处"，这些都需要时间，但是后来我发现其实有很多不用离开家或者独处就可以关爱自己的方式。当你用心去发现这些小行为，每天都在忙碌中做一些小事情关爱自己时，关爱自己就不再是可望而不可及且需要额外花费时间的习惯了。我们所要做的就是换一个角度看待这个问题，并下定决心去关爱自己。

用自己的方式关爱自己。每个人关爱自己的方式都不一样，同样的事情，对你来说，可能是一种关爱，而对于别人来说，却有可能是一种压力。所以，你要根据自己的性格特征来采用适合自己的关爱方式。必要的时候，你可以做一个性格测试，这样就能更好地理解自己。

当对自己有了更深刻的认识之后，你就能明白哪些方式对自己的帮助更大。性格测试可以解释为什么你总是先考虑别人的需求，也可以帮助你认识自己的长处，从而形成自己独特的关爱方式。

迈尔斯-布里格斯个性分析指标是目前最火的，在我看来，也是最准确的一个性格测试。不过，也有人觉得九型人格、性格色彩评估测得比较准。根据迈尔斯-布里格斯个性分析指标，我属于灵性特质作家类型。这说明我是内倾型、直觉型、情感型、判断型。进一步地研究我的这种性格特征，就会发现我这种性格的人做事情一定要有先后顺序，有条不紊。明白了这点之后，我就会有意识地去掉日程表上一些不重要的事情。当内心感到不慌不忙的时候，自己也会变得更加快乐。我还购买了一个记事簿，提醒自己该做什么事情，这种方法对于我这种性格的人也有很大帮助。更好地了解自己就能够更好地关爱自己。

以下是一些比较实用的关爱自己的日常做法。

1. 锻炼。

我想你也想到了这点，但是请听我说。也许你无法去健身房练上1小时或者外出跑步，但还是可以锻炼的。以前，我总认为如果我不能像没生孩子之前那样锻炼身体，就相当于没有锻炼。在有孩子之前，每天晚上，我都会跟着DVD做数小时的锻炼，因为已经养成了习惯，所以根本想不到其他的锻炼方法。我觉得自己根本无法锻炼身体，因为我没有锻炼所需要的房间、设备，还有时间，因为我必须照顾孩子。当然，最大的问题就是没有精力。每天晚上醒醒睡睡的使我根本不想去做运动。然而，后来，我慢慢发现只要去做，还是能够锻炼的。

当意识到锻炼不必拘泥于某种形式时，我就真的想通了。只要活动一下身体，那就很好了，所以，我建议大家不要去想高强度集中锻炼。把宝宝放下，在旁边的地板上做一些拉伸；在整理宝宝的衣服之前，可以先做20分钟的伸展跳跃和10个左右的马步蹲；或者也可以和刚刚学会走路的宝宝一起跳舞。哪怕是每天花费5到10分钟时间做伸展、原地慢跑或者做波比操都可以使人焕发活力。如果每天都可以做这些运动，你就会感到整个人都不同了。还有，研究发现每天做20分钟的小锻炼，人的身体就会释放内啡肽，这些快乐的荷尔蒙能够帮助我们减轻压力，变得更加乐观。

2. 玩耍。

有时，我们会把和孩子一起玩耍当成是一项不得不做的任务，但是换个角度，我们也可以把它当成是一段和孩子共有的有趣经历。我们可以和孩子做一些自己真心觉得有趣的事情，这样就不会觉得无聊。让自己内心的孩子出来一起玩吧！我们可以一起在小水坑里跳，可以一起涂鸦，可以一起玩滑梯，可以一起编一些幼稚的歌谣。想一些你小时候喜欢玩的东西，再和孩子玩一次。很多成年人已经忘记了如何去玩。我们严肃地对待一切，每天忙忙碌碌，尽心尽力，但是玩耍并不是孩子的特权。事实上，玩耍对成年人的帮助非常大。心理学家达契亚·瓦埃斯说过，"我们的右脑终身都在发育，玩耍可以使其发育得更好。右脑具有自我调节和主体间性（对他人意图的推测与判定）的功能。这些都可以让人更加快乐，更有同理心"。

3. 多喝水。

你每天水的摄入量是多少呢？我们都知道水有助于我们身体健康，但是对我们心理健康重要吗？研究表明轻度缺水会导致人闷闷不乐、头疼、精神不集中和疲劳等。当你感到口渴的时候，身体已经缺水了。虽然摄入量因人而异，但是美国医学会建议女人每天要摄入91盎司（约合2.7升）的水。这是自我关爱最基本的一步，但同时也是最容易忽略的一步。如果想要自己心情愉悦，就要多喝水。

4. 练习太极拳。

人们都说瑜伽可以帮助人减轻压力，增加快乐，但事实上，太极拳是另外一种很棒的选择。太极拳被认为是"在运动中冥想"，是一种很优美柔和的运动，可以帮你放松身心。太极拳也可以减压、放松大脑、消除疲劳、强身健体，使人精神旺盛，改善心理健康。

5. 跳舞。

瑞典研究员研究了100多个少女，她们一直忍受着焦虑和抑郁的痛苦。这些女孩中，有一半每周学习一次舞蹈，另外一半不上舞蹈课。研究发现上舞蹈课的女孩心理健康得到了改善，也都变得更加开心，而且这些积极影响会在舞蹈课结束后持续8个月的时间。另外一些学者对少部分的成年人做了研究，得出了类似的结论，他们发现练12个星期的桑巴可以提高人的认知水平，改善人的心情。无论年纪多大，跳舞都能够改善我们的心理状况。所以，我们可以跳跳舞，这样可以使自己更加快乐，幸福指数更高。

6. 记录一本书的快乐。

感恩日志充分地记录着你的快乐。一本书的快乐是专属于你自己的。你可以根据自己的想法来设计，每天在开头的位置记录下你的快乐，但是后面不要空下：可以涂满心形，放上孩子的照片；可以摘抄一些含意深刻的句子；可以记录那些有趣、难忘，让你高兴得说不出话的时刻。这本专属于你自己的快乐书籍，记录了你生活中的美好时刻，直观、美妙，而且完全掌握在你自己的手中。

7. 排除杂念。

前面说到过，我们每天都能从很多渠道听到各种不同的声音。排除心中的杂念，能够使自己成为更加专注、更有针对性的父母。我们生活在一个信息时代，每天要接触无数的信息。关爱自己的一个重要方面就是学会区分外界和自己内心的声音。我建议大家腾出几天时间，不要上网。切断了源源不断的嘈杂信息能够让我们神清气爽，同时也可以为孩子们树立榜样，告诉孩子如何对待科技，以及心理健康的重要性。冥想和祷告是两种有效排除杂念的方式，每天花上几分钟就可以对自己产生积极影响。

网络不是嘈杂信息的唯一来源。还有一些让你感到筋疲力尽的朋友或者家人，你也应该远离。如果某人持续给你一些建议，而且经常让你对自己的决定产生怀疑或者感到沮丧，那么也许你应该暂时不要和这个人联系了。除此之外，如果你想聆听自己的心声，那些会让你感到烦躁不安的电视节目或者其他媒体也应该被剔除。

8.听一些鼓舞人心的东西。

我喜欢听一些振奋和鼓舞人心的播客集、TED演讲（由美国私有非营利机构——TED举办的国际会议上的演讲）、管弦乐和有声书，它们可以使我身心放松、精神焕发。我经常只塞一只耳机，这样我就既能听，又能关注孩子们在公园踩着脚踏车玩或者在楼下玩时的情况了。研究表明，听自己喜欢的音乐能够使人释放多巴胺，一种与享受性爱、美食和吸毒时释放的相同的荷尔蒙。音乐也能够帮助人们减少焦虑，真正地抑制疼痛。听一些能够让你开心并且乐观向上的播客、有声书等就是在主动选择自己接受的信息。在这个信息爆炸的社会，有选择性地吸收信息至关重要。

9. 写作。

把自己的想法写下来是一种极其有效的放松方式。据说表达性写作对人的身体和思想有很多好处，甚至可以使伤口愈合更快。在詹姆斯·W.彭尼贝克和约书亚·M.史密斯的著作《敞开心扉把它写下来吧：表达性写作如何改善健康状况、抑制情感创伤》中，詹姆斯·W.彭尼贝克说："当我们把自己的不快情绪或者未愈合的创伤写下来时，就能够全面地看待问题，更理智地分析自己的焦虑情绪，最终帮助自己熬过去。"你可以尝试着写下自己的一个艰难的情形或者经历，看看心情是否变好了点。写着写着，说不定你会喜欢写诗或者歌词呢！

10. 留意身边的"小确幸"（微小而确实的幸福和满足）。

生活中有很多"小确幸"，然而由于我们终日忙碌于换尿布、工作、为孩子洗澡、辅导他们写作业、为他们准备晚餐、做家务等，所以它经常会被忽略掉。如果我们不关注自己的生活，那么就会错过日常生活中的美好。很多人都对一些重大时刻（度假、生日聚会和毕业典礼）充满了无限期待，但是他们无法看到生活中的这些"小确幸"。每一天，生活都会给予我们很多"小确幸"，也有很多值得我们珍藏的美好时刻。留心这些美好，学会真诚地感恩，因为它们会对你产生重要影响。

11. 培养自己的创造力。

拿起画笔涂涂画画、拿起铅笔写写、自己织一件毛衣、做一下园艺等等,用自己的双手来创造一些东西吧!通过培养自己的创造力,我们可以滋养自己的灵魂。据说进行艺术创作可以降低皮质醇水平,减少身体里的压力激素。要相信自己有一种卓越的创新能力,能够创造出别人无法创造出的艺术品。

12. 装扮自己的房间,让它变得更漂亮。

我喜欢干净整洁的房间,喜欢在餐桌上摆上刚刚摘下来的鲜花,喜欢柔和的灯光。当了妈妈以后,房间里会到处都是玩具、鸭嘴杯和脏衣服。此时此刻,我的桌子上都是乐高积木。作为两个男孩的妈妈,我完全可以理解杂乱。有时我会觉得还好,因为我看到积木创作和黏糊糊的工作台上散发着一种魔力。然而,我意识到杂乱的房间会影响我的心理健康,所以我整理了一部分空间,使其整洁干净。我需要这样一个空间,没有玩具,没有噪声,让内向敏感的我可以放松身心。收拾房间可以改善心理健康,但是你没有必要一下子收拾完整个房间。从细微处开始,可以先收拾一个抽屉或者一个角落,慢慢地,你就能获得一片让你开心的空间。

13. 学会说不。

自我关爱最重要的一点就是对自己不想做的事情说不。这样你才能有足够的时间做自己想做的事情。妈妈们需要喂养照顾孩子,时间有限。但是我们总是想要顾及所有人,因为我们非常重视友谊。回想一下,有多少次你想拒绝的时候却答应了呢?有多少次为了别人的利益而让自己疲惫不堪呢?你的时间非常宝贵。没有人能够为你设置界限，帮助你保存自己的时间和精力，只有你自己能。

14. 学会笑。

回想一下，你上一次笑到肚子疼是在什么时候？你的孩子多久会见到你捧腹大笑呢？最近我在思考这些问题，我的答案是"自己笑的次数远远不够"。我想要孩子记住我的笑声，就像我想要记住他们的一样。你肯定明白大笑能给身体带来很多益处，那还在等什么呢？还没有找到大笑的理由吗？我的儿子们经常会在视频网站上看一些搞笑视频。他们做的是对的，他们在寻找快乐。我希望你现在加入我们，寻找快乐！

15. 培养自己的业余爱好。

如果你现在不知道自己的业余爱好是什么，就得培养一个了！每个人都需要每天花点时间做自己最喜欢的事情。除了妈妈，你还有另外一种身份，那就是你自己。业余爱好不一定要花很多钱或者时间。最近我买了一辆自行车，把骑自行车作为我的业余爱好。我感觉自己就像收到了圣诞礼物的孩子一样快乐！

策略：小小的享受

以前，我总认为只有做一些重大的活动，如做全身按摩、来一次度假、和丈夫晚上出去约会才算是关爱自己，却忽略了一些能够关爱自己的小行动，直到有一天，我发现关爱自己的方式有很多种，我可以每天给予自己一点小小的关爱。多么重大的发现啊！我已经列举了15个关爱自己的小行动，不需要时间，不需要钱。你还有什么建议吗？我建议大家今天可以做一下头脑风暴，列出自己可以做的15个行动来关爱自己。我相信你会惊奇地发现滋养自己的思想、身体、灵魂要比想象中容易得多。

快乐习惯

列举适合自己的关爱行动。想一个能够滋养自己的思想、身体和灵魂的日常小行动。把它排在日程表首位，每天都要做，就像刷牙一样。写下这个小行动：

· 反思回顾 ·

1 你每周都会花时间做，但却没有滋养到自己的事情是什么
呢？你能否取消或者减少做这件事的次数呢？如何能够
更容易些呢？

2 列举十件使你开心的事情。

3 什么事情最能滋养自己的灵魂呢？如何把这些事情嵌入自
己的生活中呢？

4 考虑自己的需求使你感到愧疚了吗？为什么？

5 写下三个你认为自己值得被关爱的原因。

Part / *15*

美女妈妈遇到恐惧野兽

惊恐发作、焦虑和生活的恐惧

我猛地一惊，突然醒来，感觉一只强大的、无形的手紧紧地掐着我的喉咙，让我几乎无法喘气。我的胸口好似被什么东西压着，沉甸甸的，心在狂乱地跳着。我明白，自己当时就快要死了。我感到死神在死死地拖拽我，拼了全力地摆脱了他。我用惊恐的眼睛看着在我旁边熟睡的儿子，脑子中想着自己还没有看见他长大呢！想到这里，我的眼里噙满了泪水，在我试图站起来去卫生间的时候，眼泪哗哗地流了出来。我想如果自己洗一把脸，就能熬过去，但是房间在摇晃。我完全晕了，找不到方向。我大喊着向丈夫求救，吵醒了在我旁边熟睡的儿子。

我丈夫冲进来，"发生什么了？"当时我怀小儿子4个月。"我觉得自己快要死了。"我说不出话来了。"可能是心脏病。"我丈夫说，接下来的45分钟，他一直在尽力地使我镇定下来，让我做深呼吸，并紧紧地抱着我，而我在祈祷上帝，让我活到儿子长大的时候吧！儿子紧紧地抓着我，脸上也是泪水涟涟。那天晚上，我真的是吓着他了。那是我生命中最惊恐的一次——到那时为止。那是我的第一次惊恐发作。

自那以后到现在的这9年时间里，惊恐发作发生过数百次。有好几次，我都被送进了急诊室。当我告诉医生我就要死了的时候，医生还在笑我。我想他应该从来都没有经历过惊恐发作吧！对我来说，惊恐发作就好像你每天都要和自己最害怕的东西面对面对峙。我害怕死神，然而我感觉它似乎每一天都会光临。尽管我试图去克服它，但是长达数年，它一直还是会发作。

对于无法理解惊恐发作的人来说，我向他们这样解释：想象一下你害怕蜘蛛，但是有人时不时地就会往你脸上扔一只巨大的毒蜘蛛。你只知道这个人随时都有可能溜进你的房间，把蜘蛛扔在你的脸上，但是具体是什么时候，却不知道。所以，你的内心充满了恐惧，但是你只能等待，没有其他办法。

我好像掉到了地狱里。

除此之外，怀孕期间，我还害怕和刚刚学会走路的大儿子单独待在一起。我害怕自己突然晕过去，他自己孤独无助；害怕某次惊恐发作的时候，自己突然死去。我在脑中一遍遍回想着恐怖的场景。有时，一天我会经历四到五次惊恐发作。过了一段时间，病情更加严重，我每次去商店都会经历惊恐发作。有时我想，我可能会在发生一起重大交通事故或者吃了某种农产品后突然死去。我几乎不敢出门。但是，事情其实也没有那么糟。有时候，我也会想，有一天我会再次正常，但是那种希望很快就会破灭。好像惊恐凌乱时的才是正常的我;但在我需要持续和惊恐这个恶魔做斗争的时候,我不知道自己如何才能重新做回那个儿子们需要而且应该拥有的妈妈。在我的生活中,有很多美好,但是焦虑这头野兽却让我无法享受。

从第一次惊恐发作到现在已经将近10年了。在此期间,这种惊恐时不时会发作,有时症状比较轻,可以控制,有时却很严重,无法控制。我用了很多方法来改善自己的心理健康情况。值得一提的是,我现在可以快乐生活,不用再担惊受怕了。虽然,我无法杀死惊恐这头野兽,但是我知道如何掌控它,如何享受自己的生活。现在我看到的更多的是生活中的美好,而不是惊恐。

妈妈们,你们也有这种心理问题吗? 我真希望我们能坐在咖啡馆里,好好地讨论一下这个话题。我想听见你把所有的担心和恐惧、愧疚和羞耻都宣泄出来,然后告诉你,我完全理解。我不会评判对与错或者好与坏。我想你在阅读这本书的时候,可能是我们关系最亲密的时刻,因此,请认真看一下。你要知道有这种心理恐惧并不能说明你不是一位好妈妈,而且这个病不是绝症,有痊愈的希望。你可能永远都不会正常,但是可以变得一天比一天好。怀着希望和力量,你可以变得更加镇静、更加快乐。

经常性焦虑的妈妈会对孩子发脾气,这点我深有体会。我还切身体验过持续不断地与惊恐这个恶魔斗争导致自己精疲力竭,但是为了家人,我依然在战斗。我们都是勇士,与无形的恶魔斗争着。每一天，我们都用发颤的双腿和做母亲的勇气直面恶魔。虽然快被吓死了，但是我们却依然直视着这个恶魔，大声说道："今天，我一定要战胜你！"这真的需要很大的勇气，但是我们给予自己荣誉了吗？通常都没有。很长一段时间，我都在责备自己没有完全打败这头野兽，变得愧疚，甚至觉得这是一种耻辱。想要克服这些恐惧心理，我们需要具备武士的勇气，而且，我们都已经具备了。我们都要比自己想象的更加强大。

策略：慢慢来

首先，我建议大家先去和医生谈一谈自己的状况。其次，每天进步一点点。如果你处于抑郁或者焦虑的状态，那么必须开始走出第一步。不是说，你必须在一天之内完全康复，而是每一天都要有前进的勇气。也许你可以化个浓妆或者坐在门廊处平静几分钟；也许你可以开车去停车场，但却不到商店里面；也许你就是拿起手机给医生打个电话。

大家一定要明白，所有的关系都可以被修复，所有伤口都可以愈合。如果你总是因为对孩子发怒了，对爱人说了伤人的话，或者没有像自己期望的那样参与到孩子的生活中而感到愧疚，那么从现在开始，同情一下自己，原谅自己吧！无数的妈妈都因为自己的精神不佳而对家人发脾气，之后又为自己的行为而感到愧疚，就这样陷入到了一个怪圈里。亲爱的妈妈们，这种感觉我懂，真的，我完全可以理解。

所有的关系都可以被修复，所有伤口都可以愈合。

问题是，他们张开手臂等着你去拥抱他们，他们等着你陪在他们身边、爱他们，他们已经做好准备原谅你了。那么，如果他们已经原谅你了，你能否原谅自己呢？我们无法改变过去，但是却可以向前看，可以去和他们沟通。我们可以道歉，给予他们更多的爱，守护他们受伤的小心灵，滋养他们的灵魂。我们能够创造无数美好的回忆，来替代那些不好的记忆。

你的孩子最想要的就是看到你微笑的脸庞。生命仅有一次，你应该快乐。

快乐习惯

下周，记录自己每一天的进步。

第 1 天：

第 2 天：

第 3 天：

第 4 天：

第 5 天：

第 6 天：

第 7 天：

· **反思回顾** ·

1 现在你可以做哪些事情来改善自己的精神状态呢？列举两件。

2 你希望大多数人如何理解或者了解你？

3 写下你想要听到的词语。

4 你希望明年这时候的自己是什么样子呢？5年之后的自己呢？

5 你想要改善自己的精神状况的最大动力是什么？

生活在警惕状态中——在恐惧和担心中选择快乐

也许你并没有严重的焦虑情绪、惊恐发作、抑郁或者其他精神方面的问题，但是担心和恐惧是所有妈妈都会经历的能够造成同等程度的不快乐的情绪。在有孩子之前，我每天无忧无虑；生孩子之后，我觉得每件事都存在着隐患。

下面，我会用一个故事来阐述我的观点。每年夏天，网上都充斥着各种关于干性溺死的文章。这些文章吓到了我，让我处于极端恐慌之中。先不说这些文章中提到的那些细菌，儿子喝水的时候呛到了都把我吓得半死。他不停地咳嗽着，把水喷了出来，我觉得这是紧急情况。毕竟，我不知道有多少水进入到他的肺里，文章中提到了，只需一点就可能会导致死亡。我不想拿孩子的生命冒险。所以，我带儿子去了急诊室。当我告诉医生，我害怕儿子会干性溺死时，医生笑了起来，他觉得很可笑。我想那天晚上他们应该一直在嘲笑我吧！干性溺死的威胁可能是假的，但是我的恐惧却是真实的。

现在我对水总是高度警惕。去年，我的孩子们去参加学校的一个泳池派对。我就站在泳池的旁边，试图同时看住两个孩子。但是，你应该能够理解在一堆孩子中同时看着两个朝着不同方向跑的男孩的难度吧！天哪！太难了！其他父母们都坐在桌子旁聊天，只有我一个人惊恐地搜寻着泳池，就好像里面有鲨鱼。我看到其他父母都用奇怪的眼神看着我，但是我才不在乎呢！我心想："孩子们明显面临着很大的危险，他们怎么能够淡定地坐在那呢？"后来，有一位家长走过来，问我："你还好吗？""一点都不好。"我说。"我的孩子们也不是特别会游泳，看到他们在水里我也会感到紧张。"她说，"但是水不深，还没有他们的个子高呢！"

水不深，那又怎么样？只要一口水进入到气管，他们就会遭遇生命危险。在高度警惕状态下的我看来，这是非常危险的场景。

从记录他们还是婴儿时候的大便情况开始到送他们去学校（现在），恐惧和担心一直伴随着我。确保孩子们安全地活下来并不是那么简单，因为他们总是会做一些疯狂的事情，比如穿过拥挤的地方、攀爬任何能够攀爬的东西、从沙发的背部"飞"下去、抚摸奇怪的狗、一口气喝一大杯水等。

有时候，事态真的会比较严重。

儿子4岁的时候，发生了一件比较严重的事。那一天和往常并没有什么区别，但是儿子突然走路有点瘸。一开始微微有点瘸，几乎看不出来，但是后来瘸得越来越厉害。几个小时后，他已经瘸得非常厉害，一直抱怨疼痛。我并没有看见他是如何受伤的，所以觉得很奇怪，便决定带他去儿科诊室。

开车到医院需要20分钟左右。当我们到那儿的时候，儿子已经不能走路了。情况急剧恶化。我不知道到底怎么了，便抱着儿子跑到诊室,疯狂地喊着,情况紧急,需要先看。在检查台上,我看到他的关节处又红又肿,轻轻动一下,儿子都会痛得大喊。儿科医生诊断说,他患的是使用治疗链球菌性咽喉炎的抗生素引起的血清病,建议立即住院。

办理住院手续花了大约30分钟。等待的时候,我抱着儿子,让他坐在我的大腿上。他很害怕也很痛苦,我的心感觉很疼。不久,他的诊室里围满了护士。她们要为他进行静脉注射,尝试了十多次,但是都失败了。在此期间,我一直握着儿子的手,抚摸着他的头,在他耳边轻轻地道歉,并告诉儿子自己会一直陪在他的身边。因为无法进行静脉注射,只能让他口服药物。吃完药之后,他就住院观察着。

第二天,儿子就可以走路了。没过几天,他便如平常一样,活蹦乱跳、精力充沛,但是我却花了很长时间才让情绪和精神恢复正常。长达数月,我都时刻关注着他。迄今为止,每一次肿胀的淋巴结或者头疼都在我脑海中敲响了警钟,我告诉自己必须重视。

做父母的日子里总是有着担忧和恐惧,但我们可以采取一些措施防止它们变成现实。仅仅是一般的担忧就能将你从完全的平静中拖曳出来,并把你扔进名为假设的风暴中。而且你一旦形成习惯,对担忧的感觉可能不只是有点不安——你会觉得像是忘记了什么重要的事情。

此次血清病也有好的一面。当儿子现在讨论起当时的经历时，他感受到的并不是恐惧、疼痛，记得的也不是注射用的针或者吃的药。相反，他记得的是"妈妈抱着他的一天"。从这一个故事里，我们可以学到一个非常美妙的道理：我们所有人都需要被拥抱。只有丢掉羞耻，给予别人拥抱的机会，我们才能感受到爱，也才能治愈自己的伤口。只要我们去感受爱，那么所经历的痛苦远远小于所给予的爱。在那些黑暗的时刻，我们可能不会去理睬其他人，但是以后不要这么做了。给予别人拥抱你的机会吧，这样，在以后回忆的时候，你会记得更多关爱而不是疼痛。

策略：理智思考

值得庆幸的是，有两种简单的方式可以防止我们担心过度，恶化成为一种慢性疾病。心理学家史潘瑟博士建议我们在担心的时候问自己两个关键问题：第一，它发生的可能性到底有多大呢？当你发现自己担心的事情发生的概率时，就能够意识到它不值得我们失眠。第二，它到底有多糟呢？担心的时候，我们会倾向于往最坏的一面想，而这个问题能够让我们恢复理智。

史潘瑟博士强调我们并不是要用积极的想法来对抗消极的想法，而是要用确切的想法去取代不确切的想法。区别两者很重要，因为我们并不是要把它描绘得很美，而是要去理性地思考。这样的话，如果真的有危险，那么我们也能够提前做准备。

快乐习惯

在读本书的过程中，你的脑中一定浮现了很多担心和恐惧吧，试一下史潘瑟博士的策略吧！

你的担心是什么呢？它发生的可能性到底有多大呢？它到底有多糟呢？写在下面的横线上。

· 反思回顾 ·

1 写一张便条，以"亲爱的……恐惧，……"开头。

2 写一下你今天所取得的胜利或者成就。

3 列举一件你过去曾经担心但是没有发生的事情。

4 列举一个在你困难时期帮助你的人。写下相关的事件。

5 你所经历的最恐怖的事情是什么呢？你从中学到了什么呢？

Part 16

妈妈的欢笑让孩子更加快乐

大声笑出来

4岁的儿子用杜培乐积木搭出了一条鳄鱼。我只能从形状上大致看出来，它是一条鳄鱼，但是他的创造力以及对彩色积木的使用给我留下了深刻的印象。他自豪地将鳄鱼展示给我看，详细地描述着鳄鱼如何跳到天空中，然后从烟囱中钻进房间去（非常像圣诞老人），如何撞到原木上。他讲得神采飞扬，就在这时，他的小弟弟走了过来，将他的鳄鱼推翻了。一些积木掉了下来，但是大儿子只是把它重新搭上去，并没有生气。我想，在这两年中，作为哥哥，他早已经习惯了这些事。因为圣诞节马上就要到了，所以几分钟之后，我问他想要什么礼物。他不假思索而又一本正经地说："想要一个没有被推翻的鳄鱼。"上帝保佑！这就是他想要的。

如果你想要成为一名快乐的妈妈，就不要事事较真。自嘲一下，或是和孩子大笑一下！你听说过"笑是一剂良药"这句谚语吗？这不仅仅是一句无意义的谚语，而是确切的事实。笑可以使人心情愉悦，减轻压力和痛苦，强化免疫系统。此外，和孩子一起笑真的是一种非常愉快的体验，它可以帮助孩子释放所怀有的负面情绪。

每一天，都要找一些有趣的事情大笑，因为你有孩子，所以应该很容易就能找到。孩子们说的话或者做的事是最有趣的！在脸书上，我邀请妈妈们分享了一些令人捧腹的滑稽故事并把这些故事组合起来做了一个"大笑"章节。当你想要改善健康状况，增加快乐的时候，可以参考一下（标注：名字有变动，但是故事是真实的）。

（在此页上放一个书签，想要笑的时候随时回来。）

每一位妈妈都有有趣的故事可以分享。特别提醒初为人母的女性们：你的孩子终有一天会让你在公共场合感到难堪。当你读到下面这些故事时，暗暗庆幸这些事情没有发生在自己的身上吧！但是早晚都会发生的！

道恩分享了她带刚刚学会走路的儿子去洗手间的糗事。她说："那天我带着儿子去杂货店，突然想去上厕所。于是，我就带着儿子去了。我告诉儿子拿着我的钱包，面对墙背对我站着，这样，我就能有一点隐私。但是没过几分钟，儿子突然转过身，大声地问道，'妈妈，你为什么用屁股尿尿呢？'隔间里的女性开始笑起来。我感到很尴尬，不想露面，所以，等到卫生间没有人的时候，我才带着儿子快速地离开。"

提到卫生间的趣事，不得不提一下艾比的小女儿。她对此一点都不害羞。艾比说："女儿3岁的时候，坚持自己去卫生间隔间上厕所。我就站在外面，没过多久，听到她大声喊，'我已经拉完了，谁给我擦屁股啊！'"

雷切尔分享了一个类似的故事：孩子在公共场合说了让人尴尬的事情。她写，"为了治疗链球菌性咽喉炎，我服用了两星期的抗生素，喉咙已经不疼了。因为缺乏有益菌群，所以得了鹅口疮（thrush，也可以说是yeast）。一个星期之后，在杂货店里，7岁的儿子为了庆祝我的喉咙变好，大声说，'太好了！妈妈的喉咙好多了，但是现在得了念珠菌阴道炎（此处，孩子想说妈妈嘴上是yeast感染了，所以就用了yeast infection，但是这两个词合起来的意思是'念珠菌阴道炎'，所以导致母亲很尴尬）'。声音特别大，所有人都听见了。当然，我马上澄清是'鹅口疮'。我不知道别人有没有明白我说的话。不过我赶快带着儿子快速地穿过通道，离开了商店"。

斯坦斯分享了一个同样发生在杂货店里的尴尬经历。她说："我带着女儿去杂货店，女儿看到戴着一只眼罩的神父，她指着他扯着嗓子叫，'妈妈，快看，海盗！妈妈，海盗！'"

和孩子们一起的旅行"总是"那么有趣，我所说的"总是"是"从来没有"的意思。安娜和孩子一起去位于世界某处的塔可钟游玩，在那里，她可是出名了。安娜说："我们一家开车去旅行，因为孩子饿了，所以中途停下来。我们走到塔可钟里坐下，儿子感到非常失望。刚刚学会走路的儿子大喊'妈妈，我要吃奶奶'。所有的人都扭过头来看我们。"

尼科尔的故事告诉我们，在安静的图书馆里，令人尴尬的话语真的显得声音很大。她写："跟着2岁的孩子跑了一整天，我坐在一个垫子上，对着发颤的膝盖呻吟。孩子大声说，'你是在大便吗？'"你永远都不会知道从他们的小嘴里会蹦出什么话，不是吗？

做父母是一项艰巨的任务，人们需要很长时间才能完全清楚自己的职责。以下两个妈妈的故事可以证明我的观点。

艾米丽和她的丈夫带着他们刚刚出生的开心果，一起去公园郊游。一切进展顺利，直到他们要将宝宝放在儿童安全座椅上。她的故事提醒我们一定要记得检查婴儿车。"我们带着刚刚出生不久的宝宝去公园。我们开着面包车，带着婴儿车。离开的时候，丈夫把婴儿车推到我旁边，因为儿童安全座椅就在那儿。我当时正在收拾其他东西，没有顾得上把熟睡的宝宝从车里抱出来，因此当我转过身来，看到婴儿车已经被他折叠起来，放在后备厢时，我想他肯定是先把宝宝抱出来了。然而并没有！他把宝宝叠在了婴儿车里！我们一起跑到了车的后面。他拿起婴儿车，打开，宝宝还在安详地睡着！"

当然，我们还要时刻记着有一个宝宝。茜拉分享了她的故事："在儿子刚出生的一个星期内，我在惊恐中醒来大喊道，'宝宝在哪儿？'我的丈夫被吵醒了，在床上摸索了一下，然后抱起枕头，说道，'在这呢！'我看了一下自己右边的摇篮，宝宝安然无恙地躺在里面。"

这个故事把我笑死了。可怜的爸爸，那么困，把枕头当成是自己的宝宝，抱了起来！

这些小人们的话语之所以让我们感到如此有趣是因为他们本身并不是为了搞笑。杰西卡分享的故事告诉我们要将浴室的门锁起来以避免宝宝们充满好奇心的问题。"那年，女儿刚刚2岁，丈夫刚洗完澡，女儿就跑进了浴室。他拿起内裤，赶快穿上。过了一会儿，女儿问，'它去哪了？'丈夫反问，'什么去哪了？'女儿回复，'你的小尾巴啊！'现在丈夫都是关着门洗澡的。"

在我小的时候，如果有人叫我姓氏和中间名，那我肯定是闯祸了。我在想，现在的孩子如果从来没有闯过祸可能都不知道自己的中间名吧！卡拉的孩子却对此非常清楚。她说："我和丈夫一起向女儿解释她的名字、中间名和姓氏——伊夫林·弗洛伦斯·汤普森。她立马回复道自己的名字是伊夫林，只有表现不好时，才会被叫作伊夫林·弗洛伦斯·汤普森。当时，她才3岁。"

我们都知道，妈妈们每天工作很辛苦。我们只希望孩子吃自己准备的晚餐，不要抱怨。这个要求过分吗？答案很明显，过分。蕾妮分享了她的故事："上了一天的班，我给孩子准备了晚餐，但是他们却大声地抱怨着。我告诉他们自己不想再听到任何的抱怨。几分钟的沉默后，7岁的儿子说，'妈妈，这是你所做的难吃的晚餐中最好吃的一顿'。我不知道他到底是不是在夸我。"

蕾妮,把它当作一种称赞吧!孩子们都是实话实说的,能够让我们清楚自己的实力,除非我们对自己的厨艺"迷之自信"或者认为自己有相关的天赋。汉娜说:"4岁的女儿和我一起安静地坐在沙发上看《嘎巴宝宝》(动画片)'每个人都有自己的天赋'全集。女儿突然开口,'我的天赋是骑自行车、荡秋千和画画,妈妈,你的呢?''我擅长游泳和做饭。''还有坐着。'女儿补充道。哈哈,坐着也是我的天赋之一。"

你们知道孩子们还擅长做什么吗? 在你的公公婆婆面前重复你所说的话。在最近的一次家庭外出郊游中,杰米的儿子重复了他那天早上听到杰米说的话,使杰米很尴尬。杰米说:"前段时间,我们一家人出去郊游。我正在和婆婆说话,5岁的儿子坐到了我的旁边。我的丈夫跟着4岁的孩子走过我们身边。我大声夸赞,'看看你的爸爸,他是不是天底下最好的爸爸?'我的儿子也提高了嗓门,'你今天早上不是这么说的,你好像说他比较懒吧!'又学了一课。以后和丈夫说话的时候,一定要小声。"

莉莉的孩子试图理解这个世界。她分享了自己的故事:"前段时间,4岁的双胞胎和外婆去斯特拉布罗克岛玩,吃饭的地方附近有一片墓地。儿子思索了好久,指着墓地问,'为什么那里会有石头啊?'孩子的外婆正准备要告诉孩子人死后需要用石头将其埋起来,儿子突然顿悟,严肃大声地说,'哦,我知道了,他们都变成雕塑了吧!'"

梅根的孩子很聪明，但是因为年纪小，只能从字面理解意思。梅根说："有一天下午，我妹妹带着孩子出去玩。在车上，她放了一些音乐，然后为了播放一些女儿喜欢的，便转过身来问她'你最喜欢的音乐是什么？'我女儿不假思索，大声说，'草莓酱'。草莓酱也是我喜欢的果酱！孩子们怎么知道我们大人会把音乐叫作jam（本意是果酱）啊？"大人使用的语言经常会给孩子带来一些困惑。

有时，孩子使用语言的随意性也常常会使我们捧腹。伊丽莎白说："有一天，我7岁的女儿起得特别晚，她从床上跳下来，看了一下时钟，说，'哇！9:24！最高纪录！'"我想生活应该就像电子游戏吧！

孩子的一些举动经常会让我们感到困惑，但更多的时候，是让我们感到自己很傻。琳恩说："儿子假装他是吸血鬼德古拉。他学德古拉那样，用一只手提起自己的披风，遮住自己的脸，只剩下两只眼睛，然后看着我用最迷人的声音说，'看我的眼睛'。他这是在给我实施催眠术，我假装中招了，他看见后说，'你太笨了'。然后，就走开了。"他已经完成了他的使命。

偶尔，孩子们会说一些让你晚上不敢睡觉的话。艾希莉写："有一天下午去外面散步，4岁的女儿捡到一片红叶。她说，'我喜欢红色，这是血的颜色，也是靶心的颜色'。"

我有时在想艾希莉的孩子和西德尼的孩子是不是朋友，看一下西德尼的故事吧！"孩子4岁那年，有一天我正在洗澡，她跑到浴室里，盯了我几分钟，说，'妈妈，如果你死了，你的项链就会处于血泊之中'。然后，就离开了。"这句话真是恐怖又让人摸不着头脑啊！

策略：经常笑

此项策略很简单，但却非常重要。拥有幽默感会使生活更有趣！幽默感会让孩子更愿意亲近你，而且这也是一项重要的交际能力。笑容具有感染力，你笑得越多，那么你的家人就会越开心！笑也可以激发内啡肽的释放，增加快乐。对于我们老年人来说（虽然不想承认但是我们确实可以算是老年人了），据说，经常笑还可以改善我们的短期记忆。因此，我希望自己多笑，这样我就能记住自己的本心。

快乐习惯

孩子们说的话最有趣！写下几句你的孩子说过的让你捧腹大笑的话！

反思回顾

1 在你的家人和朋友中,最让你开心的是谁? 为什么?

2 写下你的一次有趣的经历。

3 用心培养自己的幽默感。编一个笑话。

4 你看到的一个孩子在公众场合做的最有趣的事情是什么?

5 你在小的时候,认为什么电视节目最有趣?

Part / *17*

调节家庭的氛围使其变得快乐

　　我经常听到别人说，妈妈的情绪会影响整个家的氛围。孩子的心情可以体现我们的心情。根据我的经验，情况完全属实。我的孩子曾经说过，我的心情和态度会对他们造成极大影响，我快乐了，他们也会感到快乐；我不高兴，他们也会感觉压抑。妈妈们决定了孩子生活和成长的氛围。这给予了我们难以言说的巨大压力，同时也赋予了我们非常大的特权。

　　这意味着妈妈们必须成熟、理智。可能很多人都会认为，"我们已经是成年人了，很成熟啊"，但是事实并非如此。无缘无故地发脾气、向对方投掷"木棍和石子"，不仅仅是孩子的问题。社交媒体已经成为成年恶霸打骂的战场，所以，不要参与其中，我们只要看看每天的新闻就可以了。退一步讲，我们都很感性，容易情绪化，但是作为妈妈，我们必须克服这种情绪化，理智起来，有效控制自己的感情。

　　我们必须有意识地选择快乐和积极的态度，只有这样，孩子们才能在快乐的家庭中成长。这需要时间和努力，但是如果我们到了40岁还无法控制自己的情感，又如何去要求9岁的孩子控制他的情感呢？这是一个残酷的事实。

如果我们能够控制自己的情绪状态，就能够对孩子产生积极影响，这是一件非常美妙的事情。我们可以创造一种氛围，让孩子感到有安全感、感受到爱、感受到自己的价值，让孩子觉得家就是他的归属地。妈妈们，这是一项非常重要的工作。家是一片神圣之地，所以我们每次进屋之前都要脱鞋，不是吗？如果家庭的基调或者氛围不对，那么结果将会是灾难性的。在一个不稳定、充满争吵和消极情绪的家庭中长大，孩子可能会感到沮丧或者极其易怒。正确的基调至关重要！

因此，妈妈们，我们如何能够让心理变得成熟起来呢？如何才能优雅自信地设置家庭的快乐基调呢？首先，让我们看一下心理成熟与不成熟的区别：

心理成熟：

能够意识到自己的情绪变化以及随之引起的行为

能够自我调控

有目的、有远见地行动

心理不成熟：

意识不到自己的情绪变化与随之引起的行为

比较感性

不考虑目的，只是根据自己的习惯行动

如何让自己的心理成熟起来

控制情绪反应的第一步就是具备自我意识，即能够识别并理解自己的心情和情感变化以及这种变化给自己和周围人所带来的影响。我花了很长时间才明白这个道理。以前，我一直认为心情完全受所处的环境和氛围的影响，但是后来我才学习到（现在依然在学习），心情和情感是想法的直接产物。在做妈妈的过程中，如何控制自己的想法成了我最大的挑战。如果每一天，我都因为孩子的一些"小的淘气行为"而感到沮丧、失落或者不开心，那么我将会错过生命中很多美好的事情；说实话，这对孩子又会产生很大的负面影响。如果仅仅因为网上的一些负面评论、成堆的脏衣服或者其他一些小事就闷闷不乐、烦躁不安，那么我不可能过上快乐的生活。所以，我们一定要留意自己的想法，必要的时候有意识地做出调整。

一旦我们对自己的情绪有了一定的意识，明白了自己的一贯反应，接下来的一步就是学会调控自己的情感。也就是说，我们要能够控制自己的心情和情绪，做事三思而后行。

如果我们不能够学着自我调控，那么即使能够意识到情绪的变化也没有什么用。不过，自我意识确实是调控的关键一步，因为我们永远无法调控自己意识不到的情绪。关于自我调控，我能想到的最好的建议就是当你感觉到自己的情绪要爆发时，深呼吸，然后把手放在心上，默念一些话，比如"我们很好"。在压力很大的时候，我会不断告诉自己"一切都会过去"，有时，我也会做一些瑜伽、普拉提或者伸展训练。当我们意识到自己有情绪了的时候，有很多方法可以帮助我们镇定下来。这些方法可以延长情绪产生与相应行为出现之间的时间，从而使我们在那个时间段里找到最佳解决方法。

最后，这一切的驱动力必须来自自己。只有自己想要切实改变，才能真正改变。一定要从内心深处明白自己想要成为什么样的妈妈，想要什么样的生活，然后按照这样的期望一步步努力。否则，自己就会成为情绪的奴隶，失去主见。我坚信人每天都应该检查自己的行为是否符合自己的期望，也应该在混乱中找到属于自己的快乐。为了监督自己的行为，我写下了属于自己的"宏图"——想成为什么样的父母以及想要实现的目标。当我能够每天都阅读自己的"宏图"，把它变为一种习惯时，才不会偏离方向。

策略：起草自己的"宏图"

写下自己的"宏图"对我的帮助真的很大。我把自己的目标写在了纸上，也制订出了实现这些目标的计划。我们需要有意识地去选择成为一名快乐、心理成熟的妈妈，需要意志坚定，需要每天都检验自己的想法是否与目标一致，因为，正如我在此书里反复提到的，有太多因素会影响我们实现目标。

起草自己的"宏图"时，想一下下面四个问题。

1.我想要为孩子留下一些什么呢？

2.妈妈的主要目标是什么呢？

3.当我的孩子告诉他们的孩子自己的成长故事时，我希望他们讲些什么故事呢？

4.列举一些词来描述你期望中的家庭氛围。

快乐习惯

你的心理足够成熟吗？有提升空间吗？我敢说，所有人都有进步空间，这很正常。我们都在通往成熟的路上，处于哪个阶段并不重要，重要的是每一天都在进步。现在，想三到四个能够在你感到沮丧失望的时候调控情绪的方法。把这些方法写在下面的横线上，在接下来的几天，分别试一下，记下最有用的方式。

反思回顾

1 你相信自己能够调控家庭的氛围吗？你在孩子身上看到自己的生活态度了吗？

2 你希望孩子们如何调控自己的情绪？你在给他们做榜样吗？

3 驱动你进步的最大动力是什么？

4 今天你可以采取什么样的措施来实现自己的"宏图"呢？

5 起草自己的"宏图"。你的"宏图"是什么呢？价值观呢？指导原则呢？你为家人、自己和孩子设定了什么样的目标呢？如何实现呢？记得写下详细的、操作性强的步骤，定期阅读，确保自己没有偏离方向。

我们必须有意识地选择快乐和积极的态度，只有这样，孩子们才能在快乐的家庭中成长。

Part 18

人生新篇章:孩子转眼间就长大了

我注意到一些很奇怪的现象。孩子还小的时候，妈妈们聚到一起，会像同事一样，互相交流当妈妈的感受，交流那种充斥着爱、敬畏、欢乐、疲惫和担心的感受。

但是，当孩子长大一些，尤其是到了中学的时候，妈妈们便不再讨论感受，而是讨论所做的事情。她们的谈话通常是"我们现在忙着做这个做那个"这样的，没有一个关于感受的字眼。我认为是时候去讨论一下了！

这时候的父母像在地狱一般煎熬。

父母好像走到了绝路，极其恐惧；孩子不再以你为中心。他们开始慢慢远离你，就像被人撕掉了在你身上贴了11年的创可贴。他们不再是曾经的小孩子了，认真应对这个阶段也是一件极其痛苦的事情。难道只有我是这样的吗？请告诉我不是！

我一直都在反思自己。当看到孩子在慢慢长大时，我就明白了他们不可能永远在我身边，这种感觉就像儿童安全座椅突然变高，撞到了我的髋骨。在两个儿子分别长到11岁和9岁的时候，我真的难过了好几个星期才接受了这个事实。由于某种原因，儿子长到9岁对我来说，真的是重重一击。我记得自己一边告诉孩子们希望他们不要再长了，一边和丈夫哭诉他们长得那么快，对我一点都不公平，以及他们一点都不听话。我大声哭喊，"他们再也不爱我了"，内心深处感到强烈的疼痛，充满了挫败感。一直到现在，当我回想起当时的情况，还是能够体会到当时乱糟糟的感觉。总结一下，就是感到他们再也不爱我了。啊，我的心在滴血。不过，不要误解，我知道他们爱我。他们每天都会告诉我，他们爱我，但是我们必须面对事实。当有一天他们遇见了自己心爱的女孩，就会像吃完香肠后扔香肠线一样，把我们扔到一边。

我的丈夫认真地看着我的眼睛，对我说："你们的关系确实会改变，但是这很正常，所有人都是这样的。"紧张焦虑，也改变不了任何事情！我明白这是自然而然的事情，但还是感觉很疼，他根本不懂。

我怀疑，那些孩子正处于青春期的妈妈们不讨论自己的感受，是因为害怕别人的评判，否则，我们应该会有说不完的话。我不想让别人认为自己太依恋孩子，也不想让别人点着名字说我不敢放手，更不想让别人认为我是把孩子作为精神支柱，所以不愿意让他们长大。因此，我不会告诉其他妈妈们我的痛苦和泪水。相反，我只会说："是的，我们今天晚上去做这个，明天去做那个，星期六还要做其他的，太忙了！"然后，自己偷偷地想，她们是否能够接受自己的孩子已经半大了呢！有时，孩子去其他地方玩耍，家里突然变得安静，我会想，"天哪，等他们长大离开后，家就会变成这样"。最初的几个小时，我还觉得这样安安静静挺好，但是后来就受不了了。我无法忍受这死一般的寂静。当他们回来之后，我很开心能够再一次听到房间里回荡着他们叽叽喳喳的说话声。

从他们出生的那一刻起，我就用尽全力，每时每刻都在爱着他们。他们是我的整个世界；在过去的这10多年里，我也是他们的整个世界。我亲吻过他们的伤口，牵过他们的手。我是他们遇到危险时求助的人，碰到困难时依靠的人，有了心事时诉说的人。但是，从抱他们的那一刻起，我就明白自己在他们心中的地位不可能永远是第一位。事实上，我生完孩子所做的第一件事就是给婆婆打电话，为自己带走了他们心爱的儿子道歉。第一次抱儿子的时候，我就体会到了婆婆放手时的无奈和伤感。现在轮到我了，我马上就要放手了。天哪，这种感觉要比为了照顾宝宝无法好好睡觉难受多了，所有的妈妈都会有这种感觉。

心理学家苏妮娅·卢瑟和露西娅·希希奥拉曾经做过一项研究，两位学者采访了2200多个母亲，她们的孩子年龄不尽相同，从婴儿到成人都有。研究发现，孩子处于青春期的妈妈们最痛苦。数据显示随着孩子年龄增大，妈妈的痛苦也在持续稳定地增加；等孩子到了中学的时候，痛苦值达到了巅峰。卢瑟说："许多妈妈都能感受到孩子长大成年离家之后的痛苦，但是真正的分离痛苦其实是孩子从心理上不再依赖你。这其实是所有母亲和孩子的一种心理变态。”

　　我现在就经历着心理变态。不过，不要害怕，还是有希望的。这项研究的作者们还说过这样的话，“采访了那些孩子已经成人离开家的妈妈们，我们发现‘空巢’症其实根本是一种谬论。那些孩子成年了的妈妈们都感觉自己很轻松，在谈到做父母的压力及经历等时，她们通常要比那些孩子正在上中学的妈妈们更乐观”。然而，不管有没有这项研究，我都决定不再沮丧，因为我还有另外一个选择。你们也是同样的。

　　智慧就像雨水，两者都在低处聚集。

——谚语

　　对于孩子的这些变化，我像其他妈妈一样理智、沉着地应付。我大哭了一场，向狗狗诉说着放手的痛苦；向狗狗诉说自己有多么希望能再一次感受孩子胖乎乎的小手搂着我脖子的感觉；向狗狗诉说着自己多么希望能够再一次抱起他们，在手上摇一摇。狗狗把头倒向一边，把自己那长长的耳朵耷拉下来，好像很同情我。我觉得狗狗一定懂我的意思。我还哭了好多次，冰淇淋能够稍微帮助我缓解疼痛。之后，我告诉自己，第一幕结束了，但是演出还得继续！因此，我把泪水擦干，涂了很多粉（年纪大了！），然后准备下一幕！

216 做快乐的妈妈，给孩子最好的爱

第一幕结束了，但是演出还得继续！

从一个阶段到另一个阶段的过渡要求我们重新安排自己的角色，找到自己的位置。现在，我已经明白什么时候该放手，什么时候握得紧一些。我已经知道了如何和这些小大人们相处。我想我可以选择一直伤心，哀叹最美好的日子已经离我远去，也可以把曾经的日子当成一种回忆来珍存，享受当下的日子。我会快乐地接受，怀着感恩的心情，乐观开心地度过这个阶段。我会优雅自信、敞开心扉、充满感恩，因为虽然他们已经不再是黏人的小孩子了，但是我依然可以爱他们，依然可以和他们有很多快乐的时光。这是我的计划。等到他们收拾行囊，准备离家的那一天，我想我会和他们一起离开。

亲爱的，往旁边挪一挪，给我留点空地。现在你来付房租，给我带一瓶健怡可口可乐。我饿了，给我做一个三明治。

哈哈，我在开玩笑了。不过，这也不是没有可能哦！

用心度过"第二幕"

一般来说，剧本写作通常由三幕式结构构成。第一幕是故事开始，要对主要角色和冲突做一个说明。第二幕是高潮或者冲突激化，情节复杂，冲突达到白热化状态。最后一幕是冲突的解决，即目标是否达成。可能找到了解决方案，达成；也有可能没有解决，酿成了悲剧。

在做妈妈这部剧里，第一幕就是认识剧中的角色，而且要花费很长时间来熟悉他们（以及扮演妈妈的我们）。在前10年左右的时间里，角色在发展，故事没有进展。第二幕是孩子进入青春期前期，在这一幕里，角色冲突激化，用"复杂"这个词来形容角色之间的关系再合适不过了。这一幕结束的时候，孩子高中毕业，冲突达到了巅峰。最后一幕，即灾难（恰如其名），开始于孩子成年（可能会一直持续）。虽然这些都是我自己编造的，但是请相信我。妈妈们，如果你们还没有准备好进入第二幕，但是它已经开始了，那么下面这些会帮助你做好准备。

机械地度过这个阶段会很容易，不是吗？孩子大了，需要不停地来回奔波，完成各种事情。家庭动力也不一样了。过去，我们会一起看电视节目和电影、一起玩棋牌游戏、一起出去逛。现在我们仍旧可以一起做很多事情，但是越来越多的事情是按照他们的兴趣爱好和习惯来定的。以前周末会很放松、节奏很慢，但是现在随处可见的是孩子们的朋友以及似乎永远都不会停止的球类游戏和课题活动。现在的问题是和他们一起度过的"珍贵时光"越来越少了。如果想要在这一阶段和处于青春期和青春期前期的孩子发展一种良性关系，那么我必须自己用心。

策略：登上舞台

我承认，偶尔我也想要逃避，怀念过去的日子，但是现实是，已经回不去了，必须面对。因此，我决定登上舞台，一显身手。以下是我在这个阶段培养的五个快乐习惯。

1.给予孩子肯定，鼓舞他们前进。

很多时候，孩子需要我们给予他们肯定，鼓舞他们。他们需要我们坚定不移地相信他们的善良与能力。青春期是一个充满了不确定、孩子们试图找到自己价值的时期。我想让自己的孩子知道他们在家人的心中永远都有价值。我想要孩子在无法强烈感受到别人的爱的时候能够一直感受到我的爱。

我认为父母要做的很重要的一件事就是鼓励孩子，积极引导孩子。即使孩子长大了，但是他们依然在发展，还有很多提升空间，我们的工作还没有完成。即使我看到了他们的缺点，依然不会忘记表扬他们的优点；即使我看到了他们的恐惧，依然会肯定他们的勇气；即使我看到他们无法做出明确的决定，依然会肯定他们的智慧。

妈妈们的话对孩子有非常大的影响。如果你到现在为止，仍然记得自己母亲说过的某句话，就能够明白我所说的都是真的。无论你的母亲是鼓励你还是打击你，多年之后，你依然能够感受到这些话的影响。我对孩子说过很多话，希望这些话能对孩子产生积极影响。

2.送孩子上学的时候要向孩子表达自己的爱,经过一段时间的分离,再次见面时要热情打招呼。

如果我早上和孩子发生了小摩擦,那么一整天都不会开心。我不知道孩子是否也和我有同样的感受。如果赶上高峰期,那么除非一路绿灯,我们才能在铃响之前赶到学校,这时候,我就会漫不经心地说:"快点!要迟到了!"用这种方式来送孩子上学一点都不好。多花5秒钟并不会迟到,但是我们却可以利用这5秒钟,积极地与孩子沟通,传递我们对他们的爱。我们可以利用这几秒钟的时间对孩子说,"希望你今天过得开心,下午我会第一时间来接你!爱你哦!"最后的话通常会在孩子的脑海中持续更长时间,所以说一些快乐的话吧!

一段时间的分离后,友好热情地和孩子打招呼,这也是能够对你们的关系产生积极影响的有用习惯。睡了一夜、上了一天学或者短暂的分离后,我都会热情地和孩子打招呼,因为这样可以传递给孩子两个信息。第一,他们对我来说很重要,我可以为了他们放下电话、放下工作,全身心地陪着他们;第二,我真心地喜欢他们,想要陪伴他们。

以上所说的两点可以每天执行,这有助于增进我们和孩子之间的沟通。即使孩子在他的房间里看电视,之后来到我的卧室,我也会有意地抬头,对他一笑,意思是我注意到他了。这只是很小的一个行为，但是能够让孩子感觉到父母的关爱以及自己的价值，这样我们都会更开心。

3. 我的3-1-1原则。

前面已经说过，孩子大一点之后，生活会非常忙碌。有时，好像所有人都朝着不同的方向前进。保持和孩子的沟通以及一家人能够一起度过一些珍贵的时光对我来说至关重要。所以，我制定了一个3-1-1原则。我们一家人一周至少3天一起用餐；一周至少1次一起去外面吃饭（孩子们指定饭店）；一周至少留1天晚上一起做一些活动。

通过一起用餐，我们能够了解孩子的内心世界，也有机会给他们讲他们小时候的有趣故事，在这些故事里，我们也都参与了。家庭活动使我们有机会一起玩、一起笑、一起增进感情。妈妈们，我们必须有意识地去做一些活动来增加与孩子的沟通和交流。这是我们现在唯一能够做的，会对他们产生持续影响的事情。要知道在大孩子的世界里，有那么多与我们竞争的人。当我制定好我们的"欢乐时光"时，我们一家人都非常重视，如同重视其他约会一样。

4. 为孩子现在的状态而感到高兴。

斯西亚·陶谢尔曾经说过，"我们总是担心孩子将来会变成什么样，然而却忘了他如今已是有思想的个体"。这句话真的很有深意。我把这句话写下来，钉在了卧室的墙上，这样就可以提醒自己当下的孩子就是最好的。我想要自己的孩子知道，当下的他们让我感到欣慰,我看到了他们的价值;还有比这种肯定更好的礼物吗?我最喜欢的另外一句话来自格伦农·道尔,她说:"不要过于心急地想要一个好孩子,而忘记了自己现在就有一个好孩子。"

当下的孩子就是最好的。

我可以通过对他们说一些有趣的话,和他们在一起的时候全身心参与,以及和他们在视频网站上看一些"忍笑大挑战"的录像来告诉他们:我为现在的他们感到欣慰。这些事情很简单,但是对孩子却很重要。当我对当前的他们感到欣慰的时候,自己也变得开心了。

5.创造一些重要的回忆。

有一天,我突然想到,过不了几年,大儿子就要去上大学或者工作了;我们能够一起度过的时间不多了。想到这我惊了一下。在家庭出游、周末度假或者短途旅游时,我会有意识地增加一起玩游戏的次数。我们会在电影院举着大包的爆米花看双片连映,我们会经常去公园里玩蹦床,去溜冰场溜冰。为什么要这样做呢?老实说,我就是想要为彼此创造一些美好的回忆。

现在当我回顾自己的童年时,回想不起任何事情,更想不到自己和家人一起做过什么。我所有的记忆都是从青春期前期和青春期开始的。当时,我已经开始评判自己的童年。因此,即使我明白青春期前期的这些年的经历对孩子个性塑造以及未来发展至关重要，但同时也意识到这些日子是孩子们对童年的定义。当孩子想到家和家庭时，脑子中首先想到的就是他们在这些年所拥有的回忆。我想要给他们留下大量美好的回忆。

快乐习惯

如何能够迅速地进入角色之中呢？上面我列举了五个快乐习惯，能够帮助我们在第二幕中更好地生活和爱。你可以借鉴，也可以自己想一些，但是一定要想一些你能从中获得快乐并且能够坚持下去的快乐习惯。

把这些快乐习惯写在下面的横线上。

反思回顾

1 在做母亲的这些年里，最令你惊讶的是什么？

2 你最怀念的是哪个阶段？

3 现在你的孩子身上最大的闪光点是什么？

4 列举一个你希望在孩子长大之前与其共同游玩的地方。

5 将来的你最怀念当前阶段的哪一部分？

马上就要40岁了

说来也巧，当孩子快要成人时，我就要40岁了。年龄是一个很有趣的东西。我记得当我父母40岁的时候，他们说自己"太老了""快要不行了"等诸如此类的话。当时的我无法想象40岁的是什么样子的，但是突然之间，我就要40岁了，可我并不觉得自己老，至少心理上不觉得老。我经常背疼，起身的时候能听到身体咯吱咯吱响。我的荷尔蒙分泌紊乱，额头上长满了皱纹，这让我看起来好像一直处于惊讶中；不过，我想这些皱纹是因为我一直对孩子皱眉头。

我的青春已经逝去了。20多岁的时候，我眼睛明亮，头上没有一丝白发，但是现在我的精力大不如从前，偶尔会感到力不从心。我被真正爱过。就像绒布小兔子（《绒布小兔子》是一部电影，绒布小兔子因为感受到了主人公的爱，变成了真实的小兔子，最后慢慢衰老）和孩子最喜欢的其他角色，我的身体确实有衰老的症状，但是当我看镜子里的自己的时候，依然能够微笑，因为我是两个小男孩的全部。变老其实是一件美丽的事情，不过，思维不同，看法不同。

我所经历的心理转变难以用语言来描述。我并没有感觉自己老，反而觉得自己更加自由了。我心理比较"老成"；现在这个

"老"灵魂终于找到了适合自己的"老"身体。我感觉轻松自在。就像我前面讲过的孩子长大之后,妈妈们会经历一种心理变态,我对于马上要40岁的这件事有点"变态"。我感觉自己破茧而出,挥舞着两只胳膊,不过外形不如蝴蝶那般美丽,我的翅膀不是蝴蝶的翅膀,而是蝙蝠的,毛毛的,一点都不好看。但是,在布满皱纹、凹陷的皮肤下的我反而感觉到了一种二三十岁的时候所没有的舒适。

从很多方面来看,40岁时的生活非常酷。我可以不用找借口早点上床睡觉了;我没有需要拒绝的派对邀请了;虽然随处都是掉落的头发,但是不戴眼镜我根本看不到它们,所以,这对我来说无所谓。减肥更难了,但是我不在乎,我想自己已经没有机会进入模特界了,所以我可以随心所欲,想吃就吃,尽情享受生活。我也知道了哪些朋友值得交心,虽然朋友数量不如以前多了,但是这些都是真正的朋友。40岁的时候,你没有时间去应付假惺惺的朋友了。

40岁的时候,你就会明白生命有限,时间是从上帝那借来的,总有一天会用光;人也不是战无不胜的,总有妥协的一天。40岁的时候没有时间考虑那些荒诞的梦想,没有时间去理会那些思想消极的人,没有时间去做一些别人推荐你做的事情,没有时间让自己的心灵那么烦躁。因此,你能够静下心来,开始写自己一直想写的书。你开始听从自己的内心,不去想别人的看法,因为你明白自己的想法最重要。你离开了那些浪费你精力的人,因为你的精力有限。你不再做些狭隘、不成熟的事情，心胸开阔了，心情也舒畅了。你为自己喜欢做的事情和所爱的人留了更多的时间，因为他们才是最珍贵的。40岁了，生活更加现实了，你不能再玩了。

岁月是一份礼物，40岁是一份礼物。我想要有目的、有热情、快乐地度过第二幕和接下来的一幕，也是最后一幕。我不会坐在这儿等死。我会继续追梦，继续成长，继续用尽全力生活。马娅·安杰卢曾经说过一句话，我一直用这句话鼓励这个阶段的自己。她说："我的人生使命不只是为了生存，而是为了茁壮成长；用一些激情、一些同情、一些幽默和一些风格来做到这一点。"

岁月是一份礼物。

我积累过一些最喜欢的名言，这些话让我在40岁的时候能够感到喜悦、知足和感恩。下面我将它们分享给处于中年的妈妈们。

四十而不惑——但是同时身体状况也愈加糟糕，背开始弯了、需要忍受风湿病的痛苦、视力一天不如一天，还会一遍一遍重复讲老掉牙的故事。

——海伦·罗兰

四十岁比怀孕强多了。

——凯伦·卡维

当你看到自己的生日蛋糕上有那么多的蜡烛的时候，就明白自己的四十岁到来了。

——琳达·克莱姆斯基

四十岁的我们并没有比二十岁的时候更加理解生活，但是我们熟悉并接受了它。

—— 儒勒·列那尔

四十岁的人既不像小孩那样需要他人照顾，也不像老人那样依赖他人。

——作者未知

四十岁的最大好处就是我们做了很多别人不知道的蠢事。

——作者未知

策略：感恩所有的事情

我们都知道感恩的重要性，也明白感恩生活中的美好事情有助于我们的心理健康，也能使我们得到更多的快乐。遇到美好的事情，我们很容易感到开心。有时，快乐需要我们用心地去寻找，一旦我们找到了快乐，也就能很自然地感恩。比较难的是感恩生活中的挑战、挫折和我们认为不那么好的事情。

然而，这些事情是否也有存在的必要性呢？

我写了很多感恩日记，不过到目前为止，感恩的内容基本上是相同的。感恩自己可爱的孩子；感恩体贴的丈夫；感恩我们健康的身体；感恩美丽的日落；感恩美好的天气。我一直在表达对生活中的美好事物的感恩，这确实是一件美妙的事情，但是现在我想要感恩所有的事情。我想要从痛苦挣扎中看到希望；想要张开双眼，敞开心扉感受可能隐藏在苦难或者痛苦之下的美好。

这并不是说我感恩糟糕的境况，而是我感恩的东西是从糟糕的境况中找到的。我会寻找一线希望；即使找不到，我依然会去感恩。即使生活不如意，我依然会感恩所有的事情。我想，如果自己真的能够做到，那么我就真的能成为快乐的主人。

快乐习惯

和我一起学着感恩所有的事情。列举三件你所经历的（或者正在经历的）困难的、不开心的、痛苦的或者具有挑战性的，但是你却很感恩的事情。

事件 / :

事件 2：

事件 3：

—————• **反思回顾** •—————

1 如果你的生命只剩下一个月，你会做什么呢？

2 你有没有因为经历一次困难而成长呢？

3 你失去过挚爱之人吗？如果能够再对这个人说一次话，你会说些什么呢？

4 长大的最大好处是什么呢？

5 列举一个你所钦佩的老人。

Part / *19*

快乐的妈妈活在当下

生活的被子

天空乌云密布，大雨倾盆而下，这样的天气已经持续了3天。天空似乎要把自己积攒的所有雨水都倒下来。她想，在这几十年所经历的暴风雨里，这次的雨是最美的。雨像银色的箭一样射到人行道上，溅起一朵朵大水花。她看到雨水随风摇摆，竞相落到了自己的窗户上。雨水似乎在玩耍。雨水敲打着金属房顶，好似无数个士兵在有节奏地前行，这种声音使她感到困乏。她想等工作完成后睡上一觉，那感觉一定很好。

她扶了扶眼镜，继续缝制一条非常漂亮的方形被子，上面是由鲜艳的蓝绿色组成的俄亥俄之星的图案。亮丽的颜色让她想起了自己年轻时候在山上远足的情形，当时的天空清澈湛蓝，树木茂密繁盛。她缝了最后一针；缝制这个被子花费了她很长时间，现在终于完工了。当她看到自己创造的美丽时，感到很开心。

她慢慢地走向厨房，准备再喝一杯茶。盛满水的茶壶早已放在了炉子上，因此，她打开了火，然后自己去橱柜里拿茶。她关上橱柜门的时候，听到吱的一声响。从砧板上拿起刀子，切了一小片巧克力蛋糕,她明白蛋糕含糖量太高了,但却无法说服自己把它放回去。她觉得自己值得被犒劳一下,毕竟一上午都在准备。水开了,茶壶的尖叫声吓了她一跳。虽然已经泡了60年的茶,但是她总是会被它吓到。她自嘲胆子太小;当她把茶壶从炉子上提起来的时候,看到一个身影经过窗户。几秒之后,门铃响了。

"亲爱的,快进来!"她把大门打开,拥抱了他。随即,她听到了关车门的声音,紧接着是小脚踩在水坑里蹦蹦跳跳的声音,如此悦耳,她的嘴角上扬得更加厉害了。"快进来,不要淋雨了!"她说着,试图去抱眼前的小女孩;小女孩跑向她,用胳膊搂着她的脖子。"奶奶!"小女孩兴奋地说,"在来的路上,我们看到鸭子了!"小女孩睁着大大的棕色眼睛,满眼尽是兴奋。她自己想着,这双大眼睛遗传自她的爸爸,而她的爸爸是从她爷爷那里遗传的,真的很美!"你们看见鸭子了啊?太棒了!快进来,亲爱的!我给你们做了巧克力蛋糕。"

两个人走进来,把滴水的雨伞放在屋子的角落处。她没有来得及收拾房间。"爸爸呢?"男人问。棕眼睛儿子和他的弟弟会定期过来拜访,每次拜访都让她感觉心里更温暖。"在车库呢!"她一边说,一边把头稍微向前倾了一下,这样可以透过眼镜来瞥一下孩子们。他们一起大笑着。爷爷喜欢修补东西,总是很忙。小女孩注意到了摇椅旁边的被子,便问:"哇,好美啊!奶奶什么时候买的啊?"她的手因为缝补已经很酸,所以她把被子放到腿上,轻轻地抚平。"你喜欢吗？这是专门为你做的。"她从椅子上起来，把被子完全展开，铺在地板上，颜色鲜亮，图案精美。"为我吗？"小女孩满脸吃惊，兴奋地拍着手。"是的。"她说，"专门给你做的。"小女孩把被子拿到手里，仔细研究，被子上面一个方框挨着一个方框，小女孩的目光随着图案移动。"哇！太美了！奶奶，你是怎么缝的啊？"看到孙女眼中的兴奋，她的眼睛闪闪发亮："当然是一个一个缝的了。"

快乐的生活是由无数个快乐时刻组成的，需要人们用心去发掘。缝制一条被子需要花费很长时间，选材要认真，缝制要精细，镶边要用心，只有这样，缝制出的被子才会靓丽；生活的被子也是这样的，由你所经历的无数个时刻和日子组成，体现的是你生活的态度和结果。每次，你选择快乐，克服恐惧、愧疚、愤怒、比较、评判或者其他任何妨碍快乐的情绪，那么就为生活的被子增添了一抹美丽。

在本书的序言部分，我向大家讲述了我和儿子的故事——儿子最大的愿望就是想要一位开心的妈妈。当时我无法理解我的快乐对孩子的快乐意味着什么，但是回望自己的童年，我意识到了快乐的妈妈对于孩子的重要性。我们父母的快乐或者不快乐已经浸入到了我们心灵的每个角落。毫无疑问，我们会被他们的快乐或者痛苦所影响；而现在，毫无疑问，我们的快乐或者痛苦又会直接影响到我们的孩子。当我选择开心的时候，我就给予了自己的孩子一份珍贵的礼物:开心的妈妈。这是一份无价之宝,没有什么比这个更加重要,对孩子影响更深了!

我虽然已经做了奶奶,但是依然不完美,还有很大的进步空间,有很多要去学习的东西。在生活的这条被子上,我还有很多小方框需要缝制,不过,我对当前的状态也很满意。近几个月,我在寻找快乐的这趟旅途中已经取得了很大的进展;希望你们也是如此。现在当我看"小棕眼"的时候,我更喜欢他身上所反射出来的快乐。这是一件很棒的事情!

我希望,当你阅读这本书的时候,能够更好地爱自己。我希望你能找到接纳自己的方法,能够拥有勇气放下愧疚。我希望你能战胜恐惧和其他不良情绪;希望你能从心爱的人的眼中看到反射出来的快乐。我希望将来有一天当你回想现在的时候,心中充满了快乐和感恩。

亲爱的妈妈们,我想要你们记住下面这些话:生活就像缝被子,所度过的每一刻就像缝制过程中的针针脚脚,每一针都很重要,但不是每一针都必须完美,也不是每一个小方框都要精美绝伦才能缝出美丽的被子。缝制的过程中可能会有一些错误,却依然能够在寒冷的晚上让我们感到温暖。不要事事追求完美,给自己太大压力;不要对自己太过苛刻,不允许一点错误。

不要对自己太过苛刻,不允许一点错误。

学着接受自己的缺点，对自己宽容一些；我们都只是普通人而已。我想你们也希望自己的孩子这样做吧！美好的生活不一定是完美的。

策略：全身心地投入到当下

很多妈妈都喜欢展望未来，心里想的都是对未来的计划；还有一些妈妈常常陷在过去的生活中，她们对过去感到懊悔，希望能够再次改变。痴迷于未来或者沉迷于过去对我们没有任何好处。谁知道未来会发生什么呢？也许我们会换一条布料，重新缝制另外一条被子。谁又能改变过去呢？那些丑陋的小方框会不断提醒我们，我们曾经克服了无数的困难。全身心地投入到当下才是最重要的；当下太重要了，所以不允许我们有丝毫的走神。如果我们拼尽全力地过好了现在，那么未来也不会和我们期待的相差太远。

年纪大了，打字打得手疼，所以，我最后再给大家说一句话，不，一段话。作为一个处在人生十字路口的40岁妇女，作为一个偶尔会感觉自己变笨拙了，但更多的是豁达的妇女，我想给大家两点建议：第一，重视自己的身体，珍爱自己的身体；第二，听从特里莎修女的话，"昨天已经过去，明天还没来临，我们只有今天，让我们开始吧"。

快乐习惯

时间会教会我们许多道理。在做妈妈的这个过程中，我学到的非常宝贵的一课就是不要为小事焦虑不安。孩子自己会长大的。

我总是痴迷于未来的原因之一就是担心自己的孩子会落后，有时因为害怕孩子跟不上别人的步伐而胃绞痛。我们在很多原本没有必要担心的小事上，如阅读、上培训班、整理房间等，太过纠结，以至于无法在与孩子共度的短暂时间里享受快乐的生活。

你现在需要停止为其焦虑的一件小事是什么？

· 反思回顾 ·

1 你想要未来的自己如何评判现在的自己呢？

2 你想做的下一个"重大事情"是什么？

3 你当前的状况怎么样呢？如何能够更好呢？

4 写一些你这周做得非常好的事情以及原本能够做得更好的事情。

5 当你读这本书的时候，什么事情最打动你呢？写下来。

致
谢

　　我们都明白，养育一个孩子需要一个群体，同样，写一本书，也需要一个群体。在此，我想要衷心感谢我所属的群体。我感到特别幸运，能够加入到这个群体。我们这个群体里面有职业作家，也有业余爱好者；有培训师，也有心理治疗师。自从我开始写博客，他们就一直支持我、鼓励我。要感谢的人实在太多了，不过首先要感谢那些参与网上讨论、分享彼此的故事、相互鼓励的人，谢谢你们！

　　感谢亲爱的朋友布丽奇特·米勒和莱利亚·肖特，你们自己可能都不知道你们对我有多重要。感谢你们一直以来的陪伴和支持。

　　感谢脸书社群里的成员以及世界各地的读者们，谢谢你们阅读我的作品，聆听我的心声，借鉴我的想法。谢谢你们给予了这个平台，让我可以将自己日常生活中感受到的无穷的爱与美好传递给更多的人。希望我的作品会对你们的生活有些许帮助。你们的鼓励和支持对我至关重要。

感谢罗玛、沃尔特、特鲁迪、特鲁特、斯坦福妮、杰米和阿曼达，感谢上帝让我成为你们当中的一员。感谢你们像对待女儿和妹妹一样爱着我。我爱你们所有人。

感谢我的父母，感谢你们为我所做的一切。

感谢我的丈夫，感谢你一直以来所给予我的力量和鼓舞，感谢能够和你一起共度余生。感谢你支持我所有不切实际的梦想。深深地爱你！

感谢嘉文，你是上帝赐予我的一份礼物。你像一个小太阳，照亮了无数的人，非常开心能够成为你的妈妈。是你，让我更加温柔，让我更有同情心。世界是如此幸运，能够等到你的降临；我是如此荣幸，成为把你带过来的人。永远爱你！

感谢艾登，没有你那活力满满的身影和笑声，生活将不会如此丰富多彩。你为我的生活带来了如此多的快乐！非常荣幸能够成为你的妈妈！谢谢你给予我无限的快乐以及无条件的爱。你是我的精神支柱。爱你超过一切！